正しい言葉遣《づか》い

美しい日本語を話したい人のために

フェリス女学院大学名誉教授
末岡 実

はじめに

「コロナ後」の社会では、人と直接対面しないテレワークが今後も一層進むものと考えられます。その際、人と人とがお互いを理解し合うために、言葉は重要な役割を果たすでしょう。

「文は人なり」ということわざがあります。フランスの博物学者ビュフォンの言葉に由来するとされ、文章には筆者の思想や人柄が表現されているという意味です。裏を返せば、文章にはそれを書いた人自身が隠しようもなく表れてしまうという、ちょっと怖い話です。

思想や人柄などは一朝一夕に変わるものでもありませんが、言葉遣いの意図せぬ間違いで誤解を招いたり、「不注意だ」「失礼だ」「教養がない」などと判断され、能力を疑われるのは避けたいものです。大人になると、相手から指摘してもらう機会は格段に減ります。メールの文章であっても書いたら読み返し、違和感を覚える言葉があれば自分で調べましょう。

「言葉遣い」の「遣」は遣唐使《けんとうし》の「遣」であり、「つかわす・さしむける」という意味です。「言葉遣い」とは、自分の心を言葉に乗せて相手にさしむけることのように思います。

この本では間違いやすい慣用句やことわざ、故事成語、日常よく使う熟語の読み書きなどを広く取り上げ解説します。敬語については前著『正しい敬語』を参考にしてください。

第1章「正しい意味」と第2章「正しい言い方」は、間違いやすい慣用句などを扱っています。文化庁が平成7年度から実施している「国語に関する世論調査」で問われた慣用句の中からも抜粋して取り上げています。文化庁のホームページ（http://www.bunka.go.jp）で調査結果が詳しく公開されていますので、興味のある方はご覧ください。

第3章「正しい読み方」と第4章「正しい書き方」は、読み間違いや書き間違いの多い言葉を取り上げています。漢字の音読みと訓読み、重箱読みや湯桶読みなどについて「言葉の知識」として載せていますので、基礎知識の確認に役立ててください。

前著『正しい敬語』にならい、分かりやすく○×式にしています。各種辞書・辞典、『言葉に関する問答集』（文化庁）、『新聞用字用語集』（共同通信社）、NHK放送文化研究所はじめ各所の出版物やインターネットサイトを参考に、現時点での社会通念に従って○×を判断しました。許容できないという×や許容できるという△、どちらも○という場合もあります。間違いやすい理由や語源を紹介することで、納得して記憶に残るように工夫し、読み方に迷う漢字には振り仮名をつけ「声に出して読める日本語」を目指しました。

言うまでもありませんが、言葉の表現や意味、漢字の読みなどは時代とともに変わるものです。ある時代に間違いとされても、使う人が多くなれば間違いではなくなることもあります。だからと言って「何でもあり」では日本語が崩れてしまいます。人の振り見て我が振り直せ。この本を読むことで、言葉に対する感覚を磨いてください。

前著に続き、今回もライターの谷本早苗さん、阿部出版編集部の原真理さんに大変お世話になりました。ここに感謝の意を表します。

令和二年秋　　　　　　　　　　　　　　　末岡　実

第1章 正しい意味

第2章　正しい言い方

第3章　正しい読み方

第4章　正しい書き方

第1章

正しい意味

さわりの部分

×　最初の部分

○　重要な部分

「話のさわりだけ聞いた」「曲のさわりの部分を弾いた」などと使われる「さわり」という言葉。最初の導入部分という意味で使っている人が多いのですが、誤りです。

もともとは浄瑠璃《じょうるり》の義太夫節《ぎだゆうぶし》の用語で、他の曲を取り入れることを「さわ（触）る」と言い、曲中で最も聞かせどころとされている部分を「さわり」と言います。それが転じて、音楽や話などの印象的な聞かせどころなどを指すようになりました。「サビ」とも言います。

「さわる」を「軽く触れる」と、とらえてしまったことが間違いの原因でしょう。

潮時《しおどき》

×　あきらめるべき時期

○　ちょうどよい時期

「潮時」は本来、潮の満ち干《みひ》の時間のことです。それが後に、船出のような何かをするのに最適な潮の具合つまり頃合いを指すようになりました。

しかし「そろそろ引退する潮時だ」と言うとき、本人は引退する好機だという意味で言っているのかもしれませんが、「もうあきらめるべき時期だ。もう終わりだ」と言っていると否定的にとらえられることが少なくありません。「潮時」は引退や別れなどの際に使われることが多いため、本来の意味が伝わりにくくなったと思われます。

煮詰《につ》まる

×　話が膠着《こうちゃく》状態になり行き詰まる

○　議論が尽くされ結論に近づく

「煮詰まる」とは煮物で次第に煮汁が少なくなることを言い、このとき料理は完成に近づいています。ですから「煮詰まる」という慣用句は本来、議論や意見が出し尽くされ、結論に近づいている状態なのです。

ところが、特に若い世代を中心に、「煮詰まる」を「話が行き詰まる」という意味で否定的に使うことが多々見られます。この意味を載せる辞書も現れました。

世代間で意味を正反対に取り違えると影響の大きい言葉であり、注意が必要です。

破天荒《はてんこう》

×　豪快で大胆な様子

○　誰も成し得なかったことをする

「破天荒」は中国・宋代の説話集『北夢瑣言《ほくぼうさげん》』に由来する故事成語です。「天荒」とは未開の地のこと。唐代の荊州《けいしゅう》という土地は科挙《かきょ》の合格者が出ず「天荒」と言われていましたが、ある年、一人の人物が初めて科挙に通り、「天荒を破った」つまり「破天荒」と称賛されました。この故事から「破天荒」は未曽有《みぞう》、前代未聞という意味になったのです。

しかし「破」「荒」の字の印象から本来の意味ではなく豪快や大胆という誤った意味にとらえられることが多い言葉です。

敷居《しきい》が高い

×　高級すぎたり、上品すぎたりして、入りにくい

○　相手に不義理などをしてしまい、行きにくい

「敷居が高い」は借金がたまってしまってあの店には行きにくいという状況の時に「あの店は敷居が高い」などと使われてきた慣用句です。

近年、高級すぎたりして入りにくいという意味で使う人が多くなり、その意味を載せる辞書もあります。その意味で理解している者同士だと問題は起きませんが、本来の意味でとらえられると「借金でもあるのか」と誤解されかねません。「敷居が低い」も耳にしますが、本来の意味ではない方から派生した言葉なので、違和感を持たれる可能性があります。

流れに棹《さお》さす

×　流れに逆らって勢いを止める行動をする

○　流れに乗って勢いを増す行動をする

間違った意味で使う人が多い慣用句です。船頭が長い棹を水底につきさして船を前に進めることですが、その風景が人々にとって縁遠いものになったせいでしょう。物事がうまくいっているときに邪魔をする意味の「水を差す」の影響もあるかもしれません。

夏目漱石が書いた『草枕《くさまくら》』の冒頭に「情《じょう》に棹させば流される」という文言があります。感情を重んじてその流れに乗ってしまうと、状況に流されてしまうという意味です。「流れに棹さす」の意味が分からなくなったら、この言葉を思い出してください。

憮然《ぶぜん》

× 腹を立てている様子
○ 失望してぼんやりした様子

「憮然たる面持《おもも》ちで」と言ったとき、腹を立てている表情を思い浮かべる人が非常に多いようです。「憮」という漢字は「心（りっしんべん）」に「無」と書いて、心がなくなること。むなしい気持ちを表していて、腹を立てるという意味はありません。

しかし音読みの「ブ」という音が「ぶうぶう言う」「ぶつぶつ言う」を連想させるのか、腹を立てていると誤解されてしまっています。「思い通りにならなくて不機嫌なさま」などと載せる辞書も現れており、将来は、元の漢字の意味とは関係なく新しい意味に取って代わられるかもしれません。

割愛《かつあい》する

× 不必要なものを省く
○ 惜しいと思いながら手放す

「時間の関係で説明は割愛します」などと使う「割愛する」という言葉。ただ単に「省略する」という意味に受け取る人が多いですが、誤りです。「割愛」は、もともと仏教の言葉で、愛着や煩悩を断ち切ること。それは愛を切り割《さ》く「割愛」なのです。

公務員や大学教員の世界には「割愛願い」という言葉があります。「惜しいでしょうが、○○さんをこちらへ譲ってください」という意味です。

檄《げき》を飛ばす

×元気のない者に刺激を与えて活気付けること
○自分の主張を広く人々に知らせて同意を求めること

古代中国では、決起などの連絡をするときには木札に文章を書きました。その木札が「檄」で、方々に急いで送ることを「檄を飛ばす」「飛檄《ひげき》」と言います。だからこそ「檄」は木偏《きへん》なのです。これを、さんずいの「激」と混同し、「激を飛ばす」は「激励する」ことだと誤解して誤用している人がたくさんいます。

天地無用《てんちむよう》

×上下を気にしなくてもよい
○上下を逆にしてはならない

「天地無用」は宅配便などの荷物に書いてある注意書き。「天地」を上下、「無用」を「心配ご無用」のように「する必要はない」という意味に取れば、上下を気にしなくてよいと受け取るのも当然でしょう。

しかし、「天地」には「ぬか床を天地する」というように上下をひっくり返すという意味もあり、「無用」には「他言無用」のように「禁止」という意味があります。ここから「天地無用」は上下を逆さにしてはならないという意味になるのです。

「天地する」や「無用」になじみのない人が増えて意味が通じにくくなったせいか、最近は「逆さま厳禁」「この面を上に」などの注意書きもあります。

他山《たざん》の石

× 他人の良い言動を模範にすること
○ 他人の誤りを参考にすること

「他山の石」とは中国最古の詩集『詩経《しきょう》』にある「他山の石以《もっ》て玉《ぎょく》を攻《おさ》むべし」という一節に由来する慣用句。よその山から出た粗悪な石でも、それを砥石《といし》に使えば、自分の玉を磨くのに利用できるという意味です。単によその山というだけではなく、粗悪な石というのがポイントです。「この事故を他山の石として、安全管理に万全を期したい」などと言います。

「反面教師」や「人の振り見て我振り直せ」と同義の言葉なので、「先生のお姿を他山の石として頑張ります」と、ほめるつもりで言ったら、相手を怒らせてしまうでしょう。

役不足《やくぶそく》

× 役目が実力より重いこと
○ 役目が実力より軽いこと

「役不足」の本来の意味は、俳優が与えられた役に満足しないこと。そこから転じて、演劇などに限らず自分の実力を軽んじられているさまを「役不足」と言うようになりました。「役不足で物足りない」「彼には係長では役不足だ」などと言うのが正しい用法です。

一方、謙遜したつもりで「役不足ですが、頑張ります」と言うのは誤りです。謙遜したいなら「力不足ですが、頑張ります」がよいでしょう。

枯れ木も山のにぎわい

× 人が集まればにぎやかになる

○ つまらないものでも、ないよりはまし

「枯れ木も山のにぎわい」とは、枯れ木であっても、はげ山よりは風情《ふぜい》があるので、ないよりはまし、というたとえです。「枯れ木も山のにぎわいだと思って、私も参加させてもらおうかな」などと自分を謙遜して言う言葉であって、「枯れ木も山のにぎわいと申しますし、先生、ぜひご出席ください」などと他人を誘うのはもってのほかです。「先生が来てくださると、みな喜びますので、ぜひご出席ください」と普通に言いましょう。

また「枯れ木も花のにぎわい」は誤りです。

奇特《きとく》な人

× 奇妙で風変わりな人

○ 特別に優れていて感心な人

「世の中には奇特な人もいるものだ」などと言うときの「奇特」。辞書には「言行や心がけが優れていて、ほめるに値するさま」と「非常に珍しく、不思議なさま」と意味が二つ出ていて、「奇特な人」という場合は前者の意味が当てはまります。

しかし、若い人を中心に「奇特な人」を奇妙で風変わりな人だと思う人が多いようです。「奇」が「奇妙・奇をてらう」などに使われることが多く、それに影響されているのかもしれません。「奇人」は変人のことですが、「奇才」は世にもまれな優れた才能のことです。

姑息《こそく》

✕　卑怯《ひきょう》な
〇　一時しのぎ

「姑」には「しゅうとめ」という意味がありますが、「とりあえず」という意味もあります。「息」には休息というように「休む」という意味があります。そこから「姑息」は「一時しのぎ」という意味なのです。

『礼記《らいき》』に見える孔子《こうし》の門人・曽子《そうし》の言葉「見識の狭い者は人を大切にするのもその場しのぎだ」に由来する慣用句ですが、一時しのぎから卑怯が連想されるのか、誤用の多い言葉です。俗用と断った上で「卑怯」の意味を載せている辞書もあります。しかし医学の世界で「姑息的治療」と言えば、一時的に痛みを取るなど根治を目的としない対症療法のことであって、卑怯な治療ではありません。使用には注意が必要な言葉です。

煮え湯を飲まされる

✕　敵からひどい目にあわされる
〇　信頼していた者から裏切られる

「煮え湯を飲まされる」は、煮え湯だと予期していないのに、信じている相手から飲み頃ですよと出され、疑いもなく口に入れて痛い目にあうことです。敵から出された飲み物なら、熱いのではないか、毒が入っているのではないかと疑って慎重になるでしょう。

同じような意味の慣用句に「飼い犬に手を噛まれる」「恩を仇《あだ》で返す」があります。

確信犯《かくしんはん》

× 悪いと分かっていながらなされる犯罪や行為

○ 政治・思想・宗教的信念に基づいてなされる犯罪や行為

「確信犯」は本来、思想犯・政治犯・テロリストなどに該当する言葉。ドイツの法律用語で、それが翻訳されたものです。

「時間を聞き違えて遅れたと言っているが、あれは確信犯だよね」など、悪いと分かっていながらなされる行為について「確信犯」というのは誤りです。しかし「確信犯」はこの間違った意味で広く使われており、俗な意味として載せる辞書もあります。

悪いと分かっていながらなされる犯罪は「故意犯《こいはん》」と言います。

失笑《しっしょう》する

× 笑いも出ないほどあきれる

○ 思わず吹き出して笑う

「彼の場違いな態度は失笑を買った」などと言います。「失笑する」は意味を誤解している人が多い慣用句です。本来、笑ってはいけないような場で、こらえきれずに吹き出して笑ってしまうこと。これが「失笑」です。笑いを失うわけではないのです。

「失」という漢字は「失恋・失望」というように「失う」という意味もありますが、こらえきれずに外へ出してしまうという意味もあります。「失言・失火・失禁」などがその意味の熟語です。「失」の意味の取り方ひとつで、正反対の意味になる慣用句です。

気が置けない人

〇×　気を使う相手
〇×　気を使う必要がない相手

もともとは「気が置ける」「気が置けない」と対になった言葉でした。「気が置ける」は打ち解けられない、「気が置けない」は気づかいする必要がないという意味です。「気が置ける」は近年あまり使われなくなり、「気が置けない」だけが使われています。そのため「気が置けない」は「信用が置けない」などの否定形の言葉から類推されて、「気を使う・気を許せない」という意味に解釈されるようになったのかもしれません。「心置きなく」という言葉もあります。「遠慮しないで・心配しないで」という意味です。

穿《うが》った見方

〇×　疑ってかかるような見方をする
〇×　物事の本質を捉えた見方をする

「うがつ」とは「穴を掘る」ことから転じて「物事を深く掘り下げ、本質を的確に捉える」という意味。しかし「疑ってかかるような見方をする」だと誤解している人も多いため、「うがった見方をしますね」と、ほめたつもりが、批判されたと受け取られかねません。

うがつのも度を過ぎると「うがち過ぎ」となります。「うがち過ぎ」は物事の本質を捉えようと執着するあまり、逆に真実からかけ離れてしまうことです。「うがつ」が「疑う」と音が近く、「うがち過ぎ」は良い意味ではないせいで誤解を招くのでしょう。

やぶさかでない

× 仕方なくする
○ 喜んでする

「協力をすることにやぶさかでない」などという場合の「やぶさかでない」は、漢字で書くと「吝かでない」。「吝」はケチという意味の「吝嗇《りんしょく》」の「吝」であり、「吝か」は「物惜しみするさま」という意味です。「やぶさかでない」はそれを否定しているのですから、「喜んでする」という意味になります。

ところが、「〜をするのにやぶさかではありません。ただ…」など消極的な文脈で使われることが多いので、「仕方なくする」という意味にとられがちなのかもしれません。

号泣《ごうきゅう》する

× 激しく泣く
○ 大声を上げて泣き叫ぶ

「号泣」の「号」という漢字は「大きな声を出す」という意味で、「怒号」や「号令」という熟語に用いられています。ですから「号泣する」という場合、必ず大きな声を出して泣き叫ぶような泣き方になるのです。

「映画館の暗闇の中で声を押し殺して号泣した」というような表現を見かけますが、「号泣する」を声を出す・出さないに関わらないものと誤解しています。声を押し殺して泣くのは「忍び泣く」や「嗚咽《おえつ》する」がふさわしいでしょう。

雨模様

△　雨が降っている様子
○　雨が降りそうな様子

「雨模様」は「あめもよう」とも「あまもよう」とも読みます。

この言葉はもともと「雨催《あまもよ》い」と言いました。「催い」とは「催す」こと。物事が起ころうとする兆候を見せることです。「眠気を催す」はまだ眠っていません。したがって「雨催い」も雨はまだ降っていないのです。

しかし「雨催い」が「雨模様」と変化したことで、元の意味が分かりづらくなりました。「雨が降っている様子」として使う人が多く、新しい意味として認められる傾向です。

すべからく

×　すべて
○　必ず、当然

「すべからく」は漢文訓読で出てくる「須《すべから》く〜すべし」で、意味は「必ず（当然）〜しなければならない」です。

「成功した者は皆すべからく努力している」など、「すべからく」を「すべて」の意味で使っているケースを目にしますが、間違いです。「すべからく」と「すべて」の音が似ていることが、間違う原因かもしれません。先の文は「すべからく」がなくても意味は通じます。または「成功したいなら、すべからく努力するべきだ」などとすればよいでしょう。

世間《せけん》ずれ

×世の中の常識から外れている
○世間でもまれ、ずるがしこくなる

「彼のような世間ずれした人間には、この仕事はぴったりだ」などと言う場合の「世間ずれ」。「ずれ」の元の語は「擦《す》れる」で、「擦れた人・擦れていない人」などと使われる言葉です。

それを「ずれる」だと誤解して「世間離れ」や「世間知らず」の意味で使う人が特に若い世代で増加しています。例文ではどちらの意味でも話が通じるだけに注意が必要です。

情《なさ》けは人のためならず

×他人に情けをかけて助けてやることは、結局その人のためにならない
○他人に情けをかけておくと、それがいつか自分のためになる

鎌倉時代ごろの文献にも表れることわざ。「人のためならず」は「人のためではない（自分のためだ）」という意味です。

これを「人のためにならない」と受け取ったがために、「手を差し伸べてはだめだ。情けは人のためならずというから」などという誤った使い方が広まってしまいました。その場合は「情けも過ぐれば仇《あだ》となる」ということわざが適切でしょう。

「情けは人のためならず」には、恩返しを期待する打算《ださん》が入り込む余地がなきにしもあらずで、それが誤解を招く素地《そじ》になったのかもしれません。

琴線《きんせん》に触れる

×怒りを買ってしまうこと

〇感動や共鳴を与えること

「琴線」は琴《こと》の糸のことで、人の心の奥底に秘められている感情をたとえた言葉です。古代中国に伯牙《はくが》という琴の名手がいて、その親友・鐘子期《しょうしき》は、伯牙の弾く琴の音を聴いただけで、その歌の趣意や彼の心情を理解したという『列子』に見える逸話があります。「琴線に触れる」は、この逸話を踏まえて生まれた慣用句であろうと考えられます。

これを目上の人を激怒させる意味の慣用句「逆鱗《げきりん》に触れる」と混同して、「私の言葉が彼の怒りの琴線に触れたようだ」などと言うのは誤りです。

知恵熱《ちえねつ》

△頭の使い過ぎで出る熱

〇乳児期に突然出る熱

乳児の、知恵づき出すころの原因不明の発熱を、昔は「知恵熱」と呼びました。今は突発《とっぱつ》性《せい》発疹《ほっしん》などと病名がついて説明されています。

これを「頭を使い過ぎたときに出る熱」という意味で誤解している人が、特に若い人の間で多いようです。初めはからかって冗談で言っていたものが、医学の進歩とともに元の意味が薄れてきて、誤用が定着したのかもしれません。「俗に」と断って、この意味を載せている辞書もあります。

手をこまねく

× 準備して待ち構える
○ 腕組みをして傍観している

「手を拱《こまね》く」は「手をこまぬく」から音変化した言葉です。「拱」は両手を胸元で組み合わせること。「拱手傍観《きょうしゅぼうかん》」という四字熟語は手を出さないで眺めているという意味です。

「こまねく」が「手まねきする」を連想させるのか、「手をこまねく」を準備して待ち構えるという意味に誤解する人がいます。「手をこまねいて待っていた」が「準備して待っていた」か「腕組みして何もしないで待っていた」か、人によって意味が違うと、問題になることもありそうですね。

御《おん》の字《じ》

× 一応、納得できる、まあまあだ
○ 大いにありがたい、しめたものだ

「出費がこの程度で済めば御の字だ」などと言うときの「御の字」。江戸時代の遊里語《ゆうりご》から出た言葉で、「御身《おんみ》」など「御《おん》」の字を付けて呼ぶべきほどの、大いにありがたいものという意味です。

それを「一応、納得できる。まあまあだ」などと誤解している人が多いようです。「70点取れれば御の字だ」と言う場合、70点で大満足というのが本来の意味です。

やおら

×急に、突然
〇ゆっくりと

「彼はやおら立ち上がった」と言うときの「やおら」は古い言葉で、「柔《やわら》」や「和《やわら》か」と同源だとも言われています。「悠然《ゆうぜん》と」という意味合いで使われることが多く、「徐《やお》ら」と、徐《じょ》行《こう》の徐を当てられることがあります。

しかし、この言葉を「急に、突然」という意味だと思っている人が意外に多いのです。理由は「矢庭《やにわ》に」との混同かもしれません。「矢庭」とは矢を射ている場所のことで、「矢を射たその場所で、その場ですぐに」という意味があります。

おっとり刀《がたな》

×のんびりと
〇取るものも取りあえず大急ぎで

「知らせを受けて、おっとり刀で駆けつけた」などと言うときの「おっとり刀」。「おっとり」という言葉から「のんびりと」だと思いがちですが、急な出来事で、武士が刀を腰に差す暇もなく、手に持ったままであること。「取るものも取りあえず」という意味です。

このときの「おっとり」を漢字で書くと「押っ取り」で、「押し取り」が変化したもの。「押し」には「無理に〜する」という意味があり、「押っ」の例には「押《お》っ始《ぱじ》める」や「押《お》っ魂《たま》消《げ》る」などがあります。

一姫《いちひめ》二《に》太郎《たろう》

×子供は女の子1人、男の子2人が理想的だ
○一人目は女の子、二人目は男の子が理想的だ

子供を持つなら、最初は育てやすい女の子、次は男の子がよいということわざ。女の子は比較的、病気になりにくく、母親の手助けを早くからしてくれるため、理想的な育児ができるとされたのです。この場合の「太郎」には男児ではなく長男の意味があります。旧民法の時代には、最初に生まれる子は後継者となる男子が望まれていたため、女の子が生まれて失望しないために、慰めの意味でも使われたと言われています。

時代が変わって「女の子1人、男の子2人が理想的だ」と思っている人も多数いるので、意味の取り間違いが生まれたのでしょう。

噴飯《ふんぱん》もの

×腹立たしくてたまらないこと
○おかしくてたまらないこと

食べかけのご飯をこらえきれずに噴き出してしまうほどに、おかしくてたまらない出来事が「噴飯もの」ですが、「腹立たしくてたまらないこと」だと誤解されやすい言葉です。「政治屋が政界浄化を語るなど、噴飯ものだ」などと、ただ単におかしいというより、批判的な笑いの文脈で使われることが多いことが関係しているかもしれません。「噴」という漢字から「憤慨・憤怒・義憤」などの「憤」が連想されることも原因でしょう。

耳ざわり

△　聞いたときの感じのこと
○　聞いていて気にさわること

「耳ざわりな音楽だ」と言えば、「聞いて気に障る不快な音楽だ」という意味になります。今までは「耳ざわり」を辞書で引くと、「耳障り」と書き、気に障るという意味だけでした。「目障り」と同じで、「障り」に否定的な意味が含まれています。

ところが最近、聞いて快いという意味で「耳ざわりがいい音楽だ」という表現が出てきて、「耳触り」と別の字を当てて収録する辞書も現れました。「肌触りがいい（悪い）」「手触りがいい（悪い）」と同様の扱いです。

しかし、まだ多くの人は「耳触りがよい（悪い）」という表現をよしとしていないので注意が必要です。「耳当たりがいい」「聞こえがいい」などと別の表現も検討しましょう。

つとに有名だ

×　とても有名だ
○　ずっと前から有名だ

「つとに」を漢字で書くと「夙に」。夙《しゅく》は早朝を表す字で、「早くから」「以前からすでに」といった意味です。「彼はつとにその名を世に知られていた」などと言います。

「つとに有名だ」を「とても有名だ」「急に有名になった」「最近、有名になった」などという意味に取るのは誤りです。

まんじりともせず

×じっと動かないで

○眠らないで

「まんじりともせず一夜を明かした」などと、夜の場面で使われる「まんじりともせず」は「一睡もしないで」という意味です。「まんじり」を辞書で引くと、①ちょっと眠るさま②まじまじと見つめるさま③何も手につかないでいるさま、と出てきます。語源は「まなじり」だという説もありますが、はっきりしません。「まんじりともせず」と言う場合は、①の意味の否定「ちょっとも眠らないで」となります。これを「じっと動かないで」と理解しても、文脈には大きな影響がありませんが、覚えておきたい言葉です。

おもむろに

×すぐに、いきなり

○ゆっくりと

「連絡を受けた彼は、おもむろに椅子から立ち上がり、店を出て行った」などという場合の「おもむろに」。これは、「すぐに」だと誤解している人が多い言葉ですが、「ゆっくりと」という意味で、「やおら」と同じです。「すぐやらないで、ちょっともったいぶって」というニュアンスもあります。

「おもむろに」に漢字を当てると「徐に」となりますが、これは車が速度を落としてゆっくり進む「徐行《じょこう》」の「徐」です。

可愛《かわい》い子には旅をさせよ

×子供には楽しい旅を存分にさせなさい
○子供には苦しい体験をさせなさい

子供を愛しているなら、目先の情愛にとらわれることなく厳しく鍛えよ、という意味のことわざで、安土桃山時代のことわざ集にも入っています。昔の旅は、もっぱら歩きで、途中で山賊に遭遇することもありました。そうした危険な旅の経験を通じて人間的に成長してほしいと願う親心が表れています。

現代では旅は楽しいものになっているためか、誤った新解釈が生まれています。

佳境《かきょう》を迎える

×山場を迎える
○最も興味深い場面になる

「佳境」とは興味を感じさせる場面や景色の良い所のことです。「佳」は「よい、美しい、めでたい」という意味の漢字なので、「佳境」はよい場面だけに使われる言葉です。物語、演劇、スポーツなどの興味深い場面のことを言い、「ドラマはこれから佳境に入る」などと使われます。

ところが近年は「選挙戦が佳境に入った」など、単なる山場に使う例が見られるようです。「台風被害の復旧作業が佳境を迎える」などはもってのほか。「大詰めを迎える」など別の表現にしましょう。

追撃《ついげき》する

△ 劣勢側が優勢な敵を追い落とそうと攻撃する
○ 優勢側が逃げる敵を追いかけて攻撃する

「追撃する」は軍事用語で、「逃げる敵機を追撃する」などというように、敗走する敵に対し、さらに追い打ちをかけることです。

これをスポーツやビジネスの場面などで「先に点を取られた○○が、猛烈な追撃を始めた」「逃げ切ろうとするA社を、B社が新製品投入で追撃している」などという例が見られます。そのような場合は本来「追い上げる」や「猛追する」が適切でしょう。

しかし、現代では「追撃する」を優勢、劣勢に関わりなく「逃げる相手を追い落とそうとする」と、とらえる傾向にあります。

時を分かたず

× すぐに
○ いつも

「分かたず」は「区別がない」という意味ですので、「時を分かたず」は「時間を問わず」つまり「いつも・常時・四六時中《しろくじちゅう》」ということになります。これを「すぐに」だと思っている人は非常に多いようです。「時を分かたず、彼は研究に励んだ」というのが正しい使い方で、「会社から呼び出しの連絡が来て、彼は時を分かたず飛び出して行った」という使い方は誤りです。「昼夜を分かたず」と言えば「昼も夜も」ということになります。

砂を噛《か》むよう

× 悔しくてたまらない様子

○ 無味乾燥でつまらない様子

「砂を噛むよう」は、物事に味わいや面白みが全くなく、無味乾燥に感じることのたとえで、「砂を噛むような退屈な毎日」などと使う慣用句です。

これを「悔しくてたまらない様子」と誤解している人が多く見られます。原因は「臍《ほぞ》を噛む・唇を噛む・歯噛みする」などとの混同でしょう。「臍を噛む」は、すでにどうにもならなくなったことを悔やむ様子、「唇を噛む」は怒りや悔しさをこらえること、「歯噛みする」は怒りや悔しさから歯ぎしりをすることです。

名前負《なまえま》け

× 名前を聞いただけで気おくれしてしまうこと

○ 名前が立派で、中身が追い付かないこと

「名前負け」とは、名前が立派すぎて、中身が追い付かないことという意味の慣用句です。「先代《せんだい》の名をもらって名前負けする」などと使います。

これを「名前を聞いただけで気おくれしてしまうこと」と誤解している人がいるようです。たとえば、高校野球の組み合わせで常勝校との対戦が決まったとき、監督が「名前負けするな」などと選手を鼓舞《こぶ》するような場合です。相手の地位などに圧倒されて力を出せないことは「位負《くらいま》け」と言います。

一言居士《いちげんこじ》

× 無口だが、大事な時にひとこと良いことを言う人

○ 何にでも、ひとこと自分の意見を言わないと気の済まない人

「居士」とは「家に居る士」で、出家せず在家《ざいけ》で仏道を修行する男性。戒名《かいみょう》にも使われますが、「一言居士」や「慎重居士」などとからかって使われる場合もあります。

「一言居士」は「ひとことこじつける」をもじっていて、ほめ言葉ではありません。「父は一言居士で、テレビニュースを見ながら、ずっとしゃべっている」などと使います。

借金をなし崩しにする

× なかったことにする

○ 少しずつ返していく

「なし崩し」は「済し崩し」とも書きます。「済」は「返済」の済。「済す」とは借りた金品を返す意味です。これを使ったことわざに「借《か》る時の地蔵顔《じぞうがお》、済《な》す時の閻魔顔《えんまがお》」があります。「借金をなし崩しにする」は少しずつ返していくこと。借金の山を少しずつスコップですくい、相手へ返していくイメージです。

しかし、この言葉を「なかったことにする」だと誤解している人が多く見られます。「なし」という音から「無し」を連想すること、「新企画がなし崩し的に変更されて、ついにうやむやになった」など、「なし崩し」が往々にしてネガティブな意味合いで使われることが原因かもしれません。

小春日和《こはるびより》

×春先の穏やかで暖かな天気
○初冬の穏やかで暖かな天気

「小春」は11月ごろ、春のようなポカポカ陽気になることです。「日和」は晴れたよい天気のこと。「小春」も「小春日和」も、ともに冬の季語です。

「玉《たま》の如《ごと》き小春日和を授かりし（松本たかし）」という有名な俳句があります。小春日和を天から授かった宝石のように尊くありがたいものであると感じ、しみじみと味わっているという内容です。寒くなってきた初冬の季節だからこそ、小春のありがたさが身に染みて生まれた俳句だと言えるでしょう。

天に唾《つば》する

×自分より上の存在を冒《おか》し汚《けが》すような行為をする
○人に害を与えようとして、結局自分に返ってくるような行為をする

「天に唾する」を自分より上の存在を汚すような無礼な行為をすることだととらえると「天に唾するような失敬千万《しっけいせんばん》なやつ」などという言い方になりますが、これは誤りです。天に唾した結果、ブーメランのように自分に返ってくるという部分が大事だからです。

仏教経典の『四十二章経《しじゅうにしょうきょう》』に「悪人が賢者に害を与えようとすることは天に向かって唾を吐くのと同じことだ。唾は天まで届かずに、かえって自分の身を汚すことになる」と言った内容の記述があり、それに基づいた慣用句です。

君子《くんし》豹変《ひょうへん》す

△ 変わり身が早い

○ 君子は、過《あやま》ちを犯《おか》してもすぐに改める

「君子」とは学識・人格ともに優れた立派な人のこと。「豹変」とは豹の毛が季節によって抜け変わり、斑紋《はんもん》がはっきり目立つこと。中国古代の『易経《えききょう》』に、君子が過ちを改めることは豹の毛変わりのように鮮明に変化するが、小人《しょうじん》（小人物）はただ顔色を変えるだけだという文章があり、そこから生まれた金言です。

「君子豹変すというが、部長の変わり身の早さには感心するよ」などと悪い意味に取るのは、もともとは誤用でしたが、使う人が多く、今では定着しています。

忸怩《じくじ》たる思い

× 悔しい

○ 恥ずかしい

「忸」も「怩」も「恥じる」という意味の漢字で、それを二つ重ねた「忸怩」は深く恥じ入るさまを表します。「忸怩たる思い」は、かしこまった謝罪の場で聞かれる言葉で「この度は大変な不祥事《ふしょうじ》を引き起こし、忸怩たる思いでございます」などと言います。これを「悔しい」という意味に取ってしまうのは、発言者の表情が悔しそうに見えるからかもしれません。相手に意味が伝わりにくい難しい言葉を使わず、「誠に情けなく、深く恥じ入ります」などと分かりやすく言った方がよいでしょう。

遺憾《いかん》に思う

×怒りを感じる
○残念に思う

「今回の不祥事、きわめて遺憾に思います」などと公の会見で耳にする言葉です。「遺憾」という言葉が「イカン！」という語を連想させ、「怒りを感じる・抗議する」でも筋が通りそうですが、「遺憾」にはそのような意味はありません。「遺」は「残す」、「憾」は「残念に思う」という意味で、「遺憾」で期待通りに行かず残念なことを意味します。「部下が起こしたこととはいえ、私の監督不行き届きであり、誠に遺憾に思います」なども謝罪会見で聞かれる言葉ですが、「遺憾」に謝罪の意味は含まれていません。

逆鱗《げきりん》に触れる

×目下の人を激しく怒らせる
○目上の人を激しく怒らせる

「逆鱗に触れる」は『韓非子《かんぴし》』を出典とする故事成語。「逆鱗」は、龍のあごの下にある一枚の逆さまに生えたうろこのこと。この逆鱗に触れられると温厚な龍が怒り出し殺されるという伝説から、君主にも「逆鱗」はあるのだから、君主に意見を述べるときには、逆鱗に触れないよう注意することが大切だと説いています。

「社長の逆鱗に触れて、左遷《させん》させられた」などと使い、「私の一言が部下の逆鱗に触れたらしい」とか「部下の言葉が私の逆鱗に触れた」などと言うのは適切ではありません。

木で鼻を括《くく》ったような態度

○× 傲慢《ごうまん》な態度
○ そっけない、無愛想な態度

「木で鼻を括《くく》る」とは不愛想に応対すること。「括る」は縛るという意味ですが、もともとは強くこするという意味の「こくる」だったと言われています。昔は紙が高価だったので、江戸時代の商家では鼻水をぬぐうのに主人たちは紙を使い、使用人には木でぬぐわせていたそうです。そうした主人の冷淡な態度が語源であるという説、木で鼻をぬぐうと痛くて不愛想な表情になるのが語源であるという説があります。

「何を質問されても、木で鼻を括ったような答弁《とうべん》を繰り返す」などと使われることがあるせいか、「傲慢な態度」という意味だと思われがちです。

鳥肌《とりはだ》が立つのは？

○△ 深い感動を受けたとき
○ 恐怖を感じたとき

「鳥肌が立つ」とは、寒さや恐怖、驚きなどのストレスに反応して、皮膚の毛穴が隆起《りゅうき》する現象のことで、原因となる感情の快・不快に関わらず引き起こされます。しかし慣用句としては、恐怖でぞっとする感じをたとえるものというのが本来の意味です。「事故の現場を目撃して鳥肌が立った」など。最近は「生演奏を聴いて深く感動し、鳥肌が立った」などとよいことにも使われています。本来は誤用ですが、認める辞書も出てきています。

忖度《そんたく》する

×　上司に気に入られようと、顔色《かおいろ》をうかがったり配慮したりする
○　他人の気持ちを推察する

「忖度」は中国最古の詩集『詩経《しきょう》』小雅《しょうが》・巧言篇《こうげんへん》に見える言葉です。「他人、心有らば、予《われ》之《これ》を忖度す」とあり、（そしる者の心を）推し量って知ること、あるいは（他者の悪い心を）厳しく吟味するという解釈もあります。

日本では古代の用例でも、また明治期以降でも「他人の心中やその考えなどを推し量ること」の意味合いで使われ、「推察・推測・推量」に近い言葉です。

２０１７年の「新語・流行語大賞」の年間大賞に選ばれましたが、昨今は「推し量って配慮する」意味の「斟酌《しんしゃく》」という意味合いを越え、批判を込めたり笑いをとったりする場面でネガティブな意味で使われることが多くなっています。

恋は思案《しあん》のほか

×　恋愛のことは考えない
○　恋愛は常識で説明できるものではない

「思案」とは思慮分別《しりょふんべつ》のこと。「あの二人が駆け落ちするなんて驚いたが、恋は思案のほかというからね」などと使い、どんな人でも恋愛のこととなると理性を失いがちだという意味のことわざ。ほかに「色は思案のほか」や「恋は曲者《くせもの》」とも言います。

「受験生なので、恋は思案のほかだ。勉強の邪魔になる」などという使い方は誤りです。

蘊蓄《うんちく》を傾ける

✕ 知識をひけらかす
○ 自分の持てる知識をすべて出す

「蘊」とは「奥深い、つむ、たくわえる」などの意味をもつ漢字です。「蘊蓄」は深い知識や学問を蓄えること。それを「傾ける」とは、すべて注ぎ込むことです。たっぷりと水の入ったコップを傾ける様子を想像すると分かりやすいでしょう。

「蘊蓄をたれる」という表現も見受けられますが、「たれ流す」という批判めいた気持ちから出た言葉でしょう。知識をひけらかすという悪い意味に取るのは、本来は誤りです。

濡《ぬ》れ手《て》で粟《あわ》

✕ いくら努力しても実りがないこと
○ 苦労せずに多くの利益を得ること

「濡れ手で粟をつかむ」を省略したことわざ。粟は穀物の一種で、濡れた手で触ると粟粒が大量に付いてくることから、やすやすと金儲《かねもう》けができるという意味。

粟は「泡（あぶく銭《ぜに》）」にかけられていますが、これを「濡れ手で泡」と勘違いしてしまうと、いくら努力しても、泡なので掴《つか》むことができないという正反対の意味になります。食材としての粟が日常生活で縁遠いものになったことで発生した誤りでしょう。

ところで、「濡れ手に粟」は本来は誤りですが、「濡れ手で」より、さらに苦労せずに利益が得られる感が強いせいか多用されています。

白羽《しらは》の矢が立つ

△多くの中から特に選び出される
○多くの中から犠牲者として選び出される

「白羽の矢が立つ」の由来は、人身御供《ひとみごくう》を求める神が、望む少女の住む家の屋根に人知れず白羽の矢を立てるという日本神話にあります。語源的には、嫌な役目を押し付けられる、貧乏くじを引くというネガティブな意味の慣用句です。

最近では、大抜擢《だいばってき》されるというような、よい意味で使われることがあり、多くの国語辞典でも認められています。しかし「白羽の矢が立ったね。おめでとう！」と祝福の意味で使っても、「それ皮肉？」と受け取られかねず、注意が必要な言葉です。

また、「白羽の矢が当たる」や「白羽の矢が射られる」は誤りです。

閑話休題《かんわきゅうだい》

×ちょっと余談になりますが
○話を本題に戻します

「閑話」は雑談や無駄話のこと。「休題」は話を止めること。つまり「閑話休題」は余談を打ち切り、話を本題に戻すときに文章で使われる慣用句です。中国の小説『水滸伝《すいこでん》』に出てくる言葉で、日本では「それはさておき」などと振り仮名が付けられることがあります。

これを「本題を休んで（休題）雑談をします（閑話）」という反対の意味で使うケースが見受けられます。そういう場合は「ちょっと脇道にそれますが」などがよいでしょう。

三十路《みそじ》

✕ 三十代
○ 三十歳

「三十路を迎える」「三十路の坂を越える」などと言います。「路」が「行路《こうろ》」を連想させ三十代のようにも思えますが、三十歳のこと。「行路」より「十字路」のイメージです。

年齢の別名はいろいろありますが、十歳単位で数える方式もあり、「十路《そじ》」はその単位です。「路」は当て字で、ひとつ、ふたつの「つ」、「はたち（二十歳）」の「ち」と同じだとも言われています。

二十歳は二十路《ふたそじ》で、四十路《よそじ》、五十路《いそじ》、六十路《むそじ》、七十路《ななそじ》、八十路《やそじ》、九十路《ここのそじ》まであります。100歳は「百歳《ももとせ》」が一般的です。

目から火が出る

✕ とても恥ずかしい
○ 頭を強く打った

「目から火が出る」とは、頭を強くぶつけたとき、目の前が真っ暗になって目から火花が散ったような感じがすることです。それをたとえた慣用句が「目から火が出る」です。「下ばかり見て歩いていたら、電信柱にぶつかって目から火が出たよ」などと使います。

恥ずかしいときに使う言葉は「顔から火が出る」で、こちらは恥ずかしさを感じたときに顔が赤くなり、体温が上がったように感じることを言ったものです。

はなむけの言葉

✕ 歓迎会・結婚式などでの挨拶
○ 送別会の挨拶

昔、旅に出る人を見送る際に、乗る馬の鼻を行先に向ける「馬の鼻向け」という風習がありました。略して「はなむけ」で、漢字では餞別《せんべつ》の「餞」と書きます。

しかし「はなむけ」から「花」や「花道」を連想するのか、入学式や歓迎会など新入者を歓迎するときの挨拶だと勘違いしがちです。結婚式の祝辞も「はなむけの言葉」とするケースが見られるのは、結婚は門出という認識でしょう。しかし、結婚式では別れを連想させる言葉は忌《い》み言葉として避けるものです。「はなむけ」も避けた方がいいでしょう。

当たり年

✕ 大きなことが立て続けに起こる年
○ よいことが多くある年

「当たり年」は本来「桃の当たり年」など農作物の収穫量が多い年のことを言っていました。そこから転じて「ワインの当たり年」はよく言われるようになり、さらに「結婚はする、昇進はする、今年は君の当たり年だ」などと、当たり年の範囲が広がってきました。

近年「台風の当たり年」「地震の当たり年」など悪いことにも使う例がありますが、これは不適当です。「今年は○個もの台風が日本列島を襲った」「今年は地震が多かった」などと言い換えましょう。

蛙《かえる》の子は蛙《かえる》

△ 優れた親の子は優れている
○ 凡人の子は凡人になる

カエルは、子供の頃はおたまじゃくしで親とは似ても似つかない姿です。しかし、おたまじゃくしも成長すれば、親と同じようにカエルになります。人間も、子の性質や能力は親に似るものだということわざです。このことわざが言われ始めた江戸時代には「所詮《しょせん》、蛙の子は蛙」という意味合いであり、よい意味で使われることはありませんでした。

近年は、よい意味でも使われるようになりましたが、「蛙の子は蛙と言うが、父に似て才能を発揮したね」などと陰でほめるのはまだいいとして、面と向かって「蛙の子は蛙と言いますか、お父様に似て立派な息子さんですね」と直接言うのは失礼です。

この親にしてこの子あり

× 親がひどければ、子もひどい
○ 優れた親があってこそ、立派な子が生まれる

「この親にしてこの子あり」は本来ほめ言葉で「初舞台も堂々たるものだ。この親にしてこの子ありだね」などと使います。「この父にしてこの子あり」なども同じ意味です。

ところが近年、けなす意味に使う例が多々あります。「親からしてマナーがなっていない。この親にしてこの子ありだ」など。けなす場合は「親が親なら、子も子だ」となります。

この言葉を悪く取る人もいるので、使うときは皮肉に取られないよう注意しましょう。

下《した》にも置かない

×ずんざいに扱う

○丁寧にもてなす

「下にも置かない」という慣用句の「下」は上座《かみざ》・下座《しもざ》の下座のことです。床《とこ》の間《ま》がある和室では、床の間を背にした席が上座、出入口に近い席が下座になります。「下にも置かない」は丁寧にもてなして、下座に座らせないという意味です。

しかし「下にも」の意味を「下座にすら」と取り、「下座にすら座らせてくれない、ぞんざいな扱い」と誤解する場合があります。

この場合の「も」は「このパンは500円もした」の「も」と同様、強調の「も」です。

とみに

×特に

○急に

「近年とみに人口が増えた」「最近とみに老眼が進んだ」などという場合の「とみに」は「頓に」と書き、「急に・にわかに」という意味の副詞です。「頓《とん》」という漢字にはいろいろな意味がありますが、「急に」という意味の熟語には「頓智《とんち》（その場に応じて即座に出る知恵）」「頓死《とんし》（急死すること）」などがあります。

この「とみに」は次第になじみのない言葉になってきたのか、「特に」という意味にとらえる人が多いようです。また「富に」と書くのは誤りです。

呉越同舟《ごえつどうしゅう》

×いろいろな人が一つの場に居合わせること
○仲の悪い者同士が共通の利害のために力を合わせること

出典は『孫子《そんし》』（九地篇《きゅうちへん》）。「宿敵である呉と越の者がたまたま同じ船に乗り合わせた。暴風に襲われて船が転覆しそうになると、互いが左右の手のように動いて助け合った」という中国の春秋《しゅんじゅう》時代の故事に基づく成語です。「仲の悪い者同士が共通の利害のために力を合わせること」が本来の意味ですが、「力を合わせること」を期待しつつも、「仲の悪い者同士が居合わせる」場合に「どうなることやら」という気持ちで使うことが多いようです。

ひもとく

△解明する
○書物を開いて読む

「ひもとく」とは「繙く」または「紐解く」と書き、本来の意味は巻物のひもを解くことです。そもそも書籍は木や竹の札（木簡竹簡《もっかんちっかん》）を紐で編みまとめ、すのこ状にし（この作業が編集）、グルグルと巻いたものでした。そこから、書籍を開いて読むことを「ひもとく」というようになりました。近年は、さらに転じて真実を明らかにするという意味で使われています。「歴史をひもとく」「真実をひもとく」「天才画家の人生をひもとく」など、次第に書物にこだわらない傾向にあります。そのような用法にはまだ違和感を覚える人もいるでしょうから、ここでは△にしました。

足を洗う

✕ 仕事などをやめる
〇 悪事をやめる

「足を洗う」という慣用句は、一説に仏教に由来すると言われています。裸足《はだし》で修行に歩いた僧が寺に帰り、泥足を洗うことで俗界の煩悩《ぼんのう》を洗い清めるということです。ここから転じて、悪い仲間から離れること、好ましくない職業や生活をやめることを意味するようになりました。「やくざな稼業《かぎょう》から足を洗う」など。

これに対し「ボランティア活動から足を洗う」「趣味の陶芸から足を洗う」などと、一般に好ましいと思われていることをやめる方に使う例もあります。冗談としてなら別ですが、本来は誤りです。

また、「手を染める」という慣用句は、本来よい悪いは別として何かを始めるという意味ですが、今は「犯罪に手を染める」のように、おもに悪いことに使われています。

色をなす

✕ 恐怖のあまり顔が青くなる
〇 怒って顔が紅潮する

「色をなす」とは、怒りのあまり顔色が赤くなることを意味する慣用句です。「無礼な対応に、彼は色をなした」などと言います。「なす」は漢字で「作す」と書きます。

恐怖のあまり顔が青ざめるのを意味する慣用句は「色を失う」です。

ぞっとしない話

○×　恐ろしくない話
　　面白くない話

「ぞっとする」は、恐怖や寒さ、強い感動で震え上がるという意味の慣用句です。「ぞっとするほど美しい顔」と言えば、強い感動で震え上がる様子でしょう。これに対して「引出物《ひきでもの》にするにはぞっとしない品だ」などという場合の慣用句「ぞっとしない」は、面白くないという意味です。「ぞっとしない」は「ぞっとする」を否定したものではなく、やや古めかしい慣用的な言い回しと考えた方がよいでしょう。

一方で、「闇の中で声がしたら、さすがの僕もぞっとしないではいられない」という場合のように、「ぞっとしない」が「恐ろしくない」を意味することもあります。

随一《ずいいち》

○×　ただ一つであること
　　多くの中で一番であること

「随一」とは数多くあるものの中の第一位ということです。「当代随一の人気俳優」「県内で随一の洋食店」などと言います。

「ただ一つであること」を表す言葉は「唯一《ゆいいつ》」です。この読みに引きずられて「随一」を「ずいいつ」と読まないように注意してください。

「随一」はナンバーワン、「唯一」はオンリーワンというのが意味の違いです。

魚心《うおごころ》あれば水心《みずごころ》

×　きわめて親密な交友

○　相手が好意を示してくれれば、こちらも応じよう

「魚心あれば水心」の本来の形は「魚に心あれば、水にも心あり」でした。魚が水に親しむ気持ちがあれば、水もそれに応じる心があるという意味です。相手が好意的であればこちらも好意的に対応する、つまり心は自《おの》ずと通じ合うものだという意味になります。

「魚心あれば水心で、よいお返事をいただくことができました」とよい意味で使われる反面、「魚心あれば水心、相手の出方次第ではこちらも対応を考えねばなるまい」などとも用いられます。

「きわめて親密な交友」という意味の誤りは「水魚《すいぎょ》の交《まじ》わり」との混同でしょう。

私淑《ししゅく》

×　個人的に直接教えを受けている

○　直接教えを受けたわけではないが、ひそかに師と仰いでいる

「私淑」は『孟子《もうし》』を出典とする故事成語で、「私《ひそ》かに淑《よ》しとする」の意味です。孔子より後に生まれ、直接会うことのなかった孟子が「自分は孔子の弟子にはなれなかったが、その教えを人から聞いて手本とした」ということを記述しています。

「私」を「わたくし」ではなく「ひそかに」と取るのは、「私語」の「私」と同じです。

直接指導を受けたことのある人に対して用いるのは誤りです。

言葉の知識

言葉の誤用が定着した例

言葉は時代とともに変化していくものです。ある時点で誤用とされても、使う人が増えれば辞書にも載るようになり、誤用であると批判されたことも忘れられていきます。

負けず嫌い

負けることを嫌がる勝気な性質という意味で使われる「負けず嫌い」は、明治の頃は「負け嫌い・負ける嫌い」が一般的でした。別に「負けず魂・負けじ魂（負けまいと頑張る精神）」という言葉もあり、これと「負け嫌い」が混同され、昭和に入って誤って生まれたのが「負けず嫌い」だという説が一般的です。

とても

「とても」は本来「とてもかくても」の略で「どうしても〜ない」という意味の否定表現で使われる言葉でした。ところが、「とてもできない」と同じ意味の「とても無理」が使われるようになり、その後「とても大きい・とてもおいしい」という肯定的意味を持つ肯定表現も現れました。大正時代には、誤用であるとさかんに批判されていたようです。今では「大変」や「非常に」と同じように使われています。

斜《しゃ》に構える

この言葉、もともとは剣道で姿勢を斜めにして身構えることで、本来の意味は「改まった態度を見せる」ことでした。今では、物事をまっすぐ見ない不誠実な態度を意味するようになりました。もはや本来の意味で使っても、相手に意図は伝わらないでしょう。

天高く馬肥ゆる秋

今では秋の快適な気候を表現する決まり文句ですが、本来は違います。古代中国では、北方の騎馬民族・匈奴《きょうど》が、冬の間の糧《かて》を得るため、収穫の秋になると、漢の支配地に大挙して略奪にやってきたものでした。「天高く馬肥ゆる秋」のもとになった「雲浄《きよ》くして妖星《ようせい》落ち　秋高くして塞《さい》馬肥《ばこ》ゆ」は、匈奴の馬が強く大きく育つ秋になったぞ、つまり襲ってくる季節が来たから警戒しろ、という詩（初唐・杜審言《としんげん》「蘇味道《そみどう》に贈る」）の一節だったのです。

幸先《さいさき》が悪い

「幸先」とは「幸」の字が付いていることから、本来は「良い兆《きざ》し」という意味で、「幸先がよい」などと使われてきました。ところが近年は単に「兆し」という意味に使われるようになり、「幸先が悪い」が誤用ではないとされ、辞書に用例として載るようになりました。違和感を覚える人はまだ一定数おり、誤用が完全に定着したとは言えないでしょう。

言葉の知識　歌の言葉を解読

童謡や唱歌は、歌詞が古語であったり平仮名で書かれていたりして、意味が分かりにくいことがあります。漢字を当てはめていくことで理解が進むのではないでしょうか。

『仰げば尊し』の「いととし」と「わかれめ」

文部省唱歌『仰《あお》げば尊《とうと》し』は、明治・大正・昭和と、学校の卒業式で広く歌われてきた定番ソングです。今もドラマやアニメの挿入歌などとして使われ、愛唱されています。

この曲の歌詞で2カ所、誤解されやすい箇所があります。

まず「思えばいととし　この年月《としつき》」の「いととし」です。「愛《いと》しい」と誤解されやすいのですが、「いと疾し」と書き「非常に早い」なのです。古語で「いと」は「非常に」、「疾し」は「早い」を意味します。

次に「今こそわかれめ　いざさらば」の「わかれめ」です。これを「境目」や「節目」の「目」と思い込み、「今こそ別れ目」と誤解しているケースがあります。「今こそ別れめ」は古典文法の係り結びです。係助詞の「こそ」に対応して「別れむ」が已然形《いぜんけい》の「別れめ」になっていて、「今まさに別れよう」という意味です。

『冬景色』の「みなとえの」

『冬景色』も大正時代から歌い継がれてきた文部省唱歌です。季節は冬の初め頃。一番の歌詞の冒頭は「さ霧消ゆるみなとえの」。この「みなとえの」を「港への」だと誤解している人が多いようですが、正しくは「湊江の」です。「湊江」は湖か河口の入り江にある小さな船着場《ふなつきば》のことです。「港」はサンズイに巷《ちまた》。巷は往来する道の意味です。「湊」は同じくサンズイに奏。奏は「あつまる・かなでる」。昔、船着場は水の集まる湊（河口）にでき、その後、大きな船が接岸できる設備の整った港に発展したようです。

『君が代』の「さざれいし」と「いわお」

国歌『君が代』の歌詞にある「さざれいし」を漢字で書くと「細石」、「いわお」は「巌（大きな岩）」です。「細石の巌と成りて苔の生すまで」となり、小石が集まって大きな岩になり、そこに苔が生えるまでの長い時間という意味になります。「いわおとなりて」を「岩音鳴りて」だと勘違いしがちです。

『もろびとこぞりて』の「しゅはきませり」

『もろびとこぞりて』は讃美歌として日本でもおなじみです。冒頭の「もろびとこぞりて　むかえまつれ」を漢字で書くと「諸人挙りて迎え奉れ」となり、「誰も彼も皆一人残らず集まりお迎えしなさい」という意味です。「ひさしくまちにし　しゅはきませり」は「久しく待ちにし主は来ませり」で、「長い間待っていた主が来られます」という意味です。

注意が必要な言葉

さわやか　もともとは秋の季語。季節に関係なく使われているが、抵抗感を持つ人も。

うららか　「のどか」とともに、もともとは春の季語。「さわやか」同様、要注意。

五月《さつき》晴《ば》れ　本来は梅雨の晴れ間だが、五月のよく晴れた空にも使うようになった。

しめやか　静かで、物悲し気なさま。葬儀には使うが、結婚式には使わない。

辛党　甘いものよりもお酒が好きな人。「辛いものが好きな人」は誤り。

浮き足立つ　不安や恐れで落ち着きを失うこと。「楽しみでウキウキしている」ではない。

ジレンマ　二つの相反する事柄の板挟みになること。選択肢が三つ以上なら使わない。

ジンクス　本来は「縁起の悪いもの」だが、「縁起の良いもの」の意味で使う人も多い。

舌打ちする　軽蔑・不満の意を表す動作。「おいしくて舌鼓《したつづみ》・おいしくて舌を鳴らす」などという意味も辞書にはあるが、その意味では使わない方が無難。

復縁　本来は、離婚した夫婦、離縁した養子縁組などが再び元の関係に戻ること。今は恋人同士がよりを戻すような軽い意味にも使われている。

黄昏《たそが》れる　本来は「夕方になる」「人生の盛りを過ぎて衰える」という意味だが、「物思いにふける」意味で使う人も多い。

悲《ひ》喜《き》交々《こもごも》　喜びと悲しみが同時にまたは交互に訪れた一人の人間の心理のこと。喜ぶ人や悲しむ人、複数が入り混じっている様子にも使われているが、本来は誤り。

第2章

正しい言い方

企業が学生の採用を早々に決める

×青田刈り
○青田買い

「青田」は稲がまだ実っていない田んぼの意味。「青田買い」は稲の取り入れ前に収穫高を見越して、その田の米を買い付けること。先物買い。そこから転じて、不動産において未完成の建物を購入したり、早い段階の採用内定に対して使われるようになりました。

一方、「青田刈り」は作物が未成熟のうちに刈り取ること。戦国時代の軍事作戦にも、敵が兵糧《ひょうろう》不足になるように、敵地の青田を刈り取ってしまう「青田刈り」作戦がありました。

企業の早い採用活動について言う「青田刈り」は本来、誤用ですが、人材の優劣を問わず大量に採用するという意味で使う人もいます。

うそ偽りがないことを固く約束するさま

×天地天命に誓って
○天地神明に誓って

「神明《しんめい》」とは神々のこと。「天地神明」ですべての神々を表しますが、「神明」は特に天照《あまてらす》大神《おおみかみ》を称するとも言われています。「天命」は「人事を尽くして天命を待つ」と言うように、天の命令のこと。「天地天命に誓って」では筋が通らないのですが、若い人を中心に誤用が多い傾向にあるようです。また「てんちしんみょう」という誤読や「天地神妙」や「天地神命」という誤記も散見されますので注意しましょう。

前後を忘れて夢中になる

×熱にうなされる
○熱にうかされる

「熱にう（浮）かされる」は、病気で高熱のためにうわごとを言うことから転じて、物事に夢中になることをいう慣用句です。「熱に浮かされていて、親の忠告など耳に入らない」と言うように、何かにのぼせ上がることを比喩的に意味します。

一方の「熱にうなされる」は、高熱のため、眠ったまま苦しそうな声を立てるという意味。「浮かされる」より「うなされる」の方が日常的になじみのある言葉なので、間違いやすいのかもしれません。

心配や不安を感じ、表情に出す

×眉をしかめる
○眉をひそめる

「眉をひそめる」とは、心配なことがあったり、他人の嫌な行為を不快に感じたりして、眉根を寄せるという意味の慣用句です。「あまりの醜態に、周囲の者は皆、眉をひそめた」などと使います。「ひそめる」を漢字で書くと「顰める」。この字を使った「顰蹙《ひんしゅく》を買う」という慣用句はよく耳にしますね。「蹙」は顔をしかめる意味で、「顰蹙」で眉をひそめたり、顔をしかめたりして不快の念を示す意味になります。「眉をしかめる」は「顔をしかめる」に引っ張られた誤用でしょうが、使う人が多いようです。

「祭りはますます盛り上がった」と言いたいとき

×祭りはいやがおうにも盛り上がった
○祭りはいやがうえにも盛り上がった

「いやがおうにも」を漢字で書くと「否（嫌・厭）が応にも」となります。これは「好むと好まざるとに関わらず。何が何でも」という意味。「否が応にも目標を達成しなければならぬ」などと使います。

これに対して「いやがうえにも」は「弥が上にも」と書きます。「弥」は「いよいよ」という意味で、「国の弥栄《いやさか》を祈る」と言えば、「国がますます栄えることを祈る」という意味です。一般的に祭りが盛り上がるのはいいことなので、「いやがうえにも」が正しいということになります。同じ「いや」でも意味が違うので、注意しましょう。

要点を的確にとらえる

×的を得る
○的を射る

ある物事についてその要点を的確にとらえることを表現するとき、「的を射る」と言います。「的」は弓で矢を射るときの目標であり、矢を的に確実に当てることが「的を射る」です。「的を得る」は「当を得る（道理にかなっている）」との混同で誤りだという説が優勢でしたが、「うまく捉える」の意味で考えれば誤りではないという説もあり、議論は続いています。マスコミ各社は「的を射る」を使用していますので、注意が必要です。

することや話題がなくなり、時間を持て余す

△間が持たない
○間が持てない

「間を持たす」とは、あいた時間や待っている時間を何か別のことをして過ごすことを意味する慣用句で、「世間話で間を持たす」などと言います。これができないときは「無口な相手で間が持てない」などとなります。この「間が持てない」が本来の言い方で、「間が持たない」が載っている辞書類は少数派です。しかし現実には「間が持たない」を使う人が多いようで、いずれはどちらも辞書に載るかもしれません。

「間（ま）」は時間的空白のことで、「間の取り方がうまい役者だ」などと言います。この意味の場合に「あいだ」と読むのは誤りです。

前に負けた相手に勝つ

×雪辱を晴らす
○雪辱を果たす

「雪辱《せつじょく》」とは「辱《はじ》」を「雪（すす・そそ）ぐ」という意味です。「雪辱を晴らす」では、「晴らす」が「雪ぐ」と同じ意味なので重複表現となってしまいます。「雪辱を果たす」と「屈辱を晴らす・恨みを晴らす・ぬれぎぬを晴らす」などとの混同から生じたと見られている誤用です。「雪辱を果たす」以外には「雪辱する・雪辱を遂げる・雪辱戦」などが正しい用法です。

不名誉な評判を消し去り、名誉を回復する

×　汚名《おめい》を晴らす
○　汚名をそそぐ

慣用句は「汚名をそそぐ（すすぐ）」です。「着せられた汚名をそそぐ」などと使います。「そそぐ」は漢字では「雪ぐ」。「洗濯物をすすぐ」も、漢字では「雪ぐ」で、「雪辱《せつじょく》」の「雪」も同じです。「晴らす」は「疑いを晴らす・恨みを晴らす」という場合に使い、汚名の場合は「そそぐ」を使います。「注ぐ」と書かないように注意しましょう。

不名誉な評判を拭い去り、もとへ返す

×　汚名挽回《おめいばんかい》
○　汚名返上

「汚名返上」は「汚名をそそぐ」と同じ意味の言葉で、「汚名挽回」は誤用であるとされています。「挽回」は「失ったものを取り返す」ことなので、汚名を挽回したら不名誉な状態へ戻ってしまう、「名誉を挽回する」との混同であろうと指摘されているのです。

近年、「挽回」には「元に戻す」という意味があるので「汚名挽回」は「汚名の状態を元に戻す」で誤用ではないという見方もあります。「疲労回復」の使い方と同じだと。「汚名挽回」は「汚名を返上して名誉を挽回する」の省略形、「疲労回復」は「疲労を解消して活力を回復する」の省略形と考えるとスッキリしそうです。

わずかの時間も無駄にしない様子

×寸暇を惜しまず
○寸暇を惜しんで

「寸暇」とはわずかな時間のこと。この場合の「惜しむ」は「大切にする」という意味。「寸暇を惜しんで」は、寸暇つまり少しの時間でも大切にして、物事に取り組むという意味の慣用句です。「惜しむ」には「出し惜しみする」というニュアンスもあって、この場合、打ち消しを伴って使われることが多く、「努力を惜しまず研究に励む」「協力を惜しまない」などと言います。「寸暇を惜しまず」はこれらと混同してしまった誤りと思われます。「寸暇を惜しまない」のは、ちょっとの時間を大切にしないということになってしまいます。

古くからのやり方にのっとった様子

×古式豊かに
○古式ゆかしく

「古式ゆかしく」は「古式ゆかしく、馬上豊かに」という慣用句の後半を省略したものです。「古式」とは「昔のやり方」、「ゆか（床）しく」は「昔のことがしのばれて懐かしい、気品、情緒があり、心がひかれる」といった意味。「馬上豊かに」とは、ゆったりと馬にまたがっているさまを表します。「古式豊かに」だと間を抜いた短縮形となり、本来は誤りです。現代では「ゆかしい」という形容詞の使用頻度が減り、「豊かだ」という形容動詞は引き続き使われているので、「古式豊かに」と記憶に残ってしまうのかもしれません。

機転が利《き》く

×目鼻《めはし》が利く
○目端が利く

「彼は目端が利くから任せられる」などと言います。「目端」とは目の端のことで、眼力のこと。「目端が利く」は、その場の状況に応じて機転が利くことを意味する慣用句です。「目が利く（物の価値を見分ける能力がある）」「鼻が利く（嗅覚が敏感。利益になりそうなことにすぐ気がつく）」という言い方はありますが、それをまとめて「目鼻が利く」とは言いません。およその見通しが立つという意味の「目鼻がつく」との混同でしょう。

非常に危ない瀬戸際

×危機一発
○危機一髪

「危機一髪」は中国の文人、韓愈《かんゆ》の『与孟尚書書《もうしょうしょにあたうるのしょ》』にある「其の危うきこと一髪《いっぱつ》の千鈞《せんきん》を引くが如し（一本の髪の毛で千鈞もの重い物を引くような状態で細々と続きやがて消滅すること）」に由来します。風前《ふうぜん》の灯火《ともしび》状態をたとえた文言です。一鈞は7・7キログラム。

日本で1964年に「危機一髪」をもじった『007危機一発』というタイトルの映画が公開されました。「危機一発」という誤りはこの映画の影響で広まった可能性が大きいでしょう。映画のタイトルの意味は、「危機一髪」よりも類語の「間一髪《かんいっぱつ》（あいだが髪の毛一本くらいしかない、危機が寸前まで差し迫っていること）」に近いと思われます。

何か分からない理由

×何だかの理由
○何らかの理由

「私たちの提案は何らかの理由で却下《きゃっか》された」などと使う「何らか」。「何等か」とも書きます。これを分解すると「何（指示代名詞）＋等（接尾辞）＋か」の連語で、「何か、いくらか」という意味です。これを「何だか」と誤用している人が見受けられます。「何だか」は物事がはっきりしないさま。「何だか悲しい気分だ」などと使う言葉です。一方、「何ら問題はない」などというときの副詞「何ら」は「何だ」と間違えられることはなさそうです。「ラ」と「ダ」は音が似ているのが誤用の原因でしょう。

願うところは

△願わくば
○願わくは

「願はくは花の下にて春死なん　そのきさらぎの望月《もちづき》のころ」は平安時代後期の歌人、西《さい》行《ぎょう》の歌です。この歌に出てくる「願はくは」は現代仮名遣いでは「願わくは」。「願わくは」は、動詞「願う」のク語法「願わく」に助詞「は」が付いた語です。ク語法とは、動詞の活用語の語尾にクが付いて全体が名詞化されるもので、「惜しむらく」「いわく」などがそれに当たります。「願わくば」は本来誤りですが、江戸時代からある間違いで、現代でも使う人が多いことから、慣用として認められる傾向にあります。

長々と続くさま

×永遠と
○延々と

「説教は延々と続いた」を「説教は永遠と続いた」と間違う例が見受けられます。間違ってしまった原因は「延々《えんえん》と」の発音がしづらく「えーえんと」になってしまいがちなせいでしょう。「えーえんと」の意味を考えずに「永遠と」と覚えてしまったと考えられます。「延々と」は長く続くさまを表す言葉。これに対し「永遠と」は時間を超えて存在すること。「延々」には終わりが来ますが、「永遠」に終わりはありません。「説教は永遠に続くかのように思われた」という表現なら問題ありません。

確かでない記憶

×うる覚え
○うろ覚え

「うる覚えの記憶で恐縮ですが…」。「うる覚え」は間違い例としてよくあげられる言葉です。「うろ」は「うつろ」と同じ。「うつろ」はなじみがあっても「うろ」はなじみが薄いことが原因のひとつかもしれません。漢字で「虚・空・洞」と書き、内部が空になっているところのことで、「木のうろ」などと使います。また「うろおぼえ」が発音しにくく、耳で聞いた時に「うるおぼえ」とまぎらわしいこと、文字で見たときに「ろ」と「る」が似ているのも間違いやすい原因でしょう。

よいものと悪いものが一緒くたになっている

×玉石混合
○玉石混淆《ぎょくせきこんこう》

「混」も「淆」も入り混じるという意味で、重要な玉も無価値な石くれも一緒くたになっていることを表す言葉。「インターネットの情報は玉石混淆だ」など。「淆」が常用漢字にないことから「混交」で代用することもありますが、「玉石混合」は誤りです。

神仙術を記す内篇と政治や社会批判を展開する外篇からなる晋（三国時代の後）・葛洪《かっこう》の『抱朴子《ほうぼくし》』外篇尚博篇《しょうはくへん》の言葉「真偽顚倒《しんぎてんとう》し、玉石混淆す（本物とにせ物が正しく区別されず両者が入りまじること）」に由来します。

厳重な包囲網のたとえ

×蟻《あり》の入り込む隙《すき》もない
○蟻の這《は》い出る隙もない

逃げ出すための隙間《すきま》もないほど警戒が厳重なことを表す慣用句です。「検問が厳しくて、蟻の這い出る隙もない」などと使い、敵に囲まれてしまい、中から外へ出たくても、なかなか出られない状況のことを言います。

「入り込む」でも警戒が厳重なことに変わりはありませんが、慣用句としては誤りです。

また「高速道路は渋滞していて、蟻の這い出る隙もない」「蟻の這い出る隙もないような旅行計画」などと、立て込んでいる意味に使うのも誤りです。

入り乱れて混乱するさま

×上や下への大騒ぎ
○上を下への大騒ぎ

慣用句「上を下への大騒ぎ」は、上のものを下にし、下のものを上にする意味から、入り乱れて混乱するさまです。「上や下への大騒ぎ」と言う人が多いですが、動作が違います。「首相の暴言から議場は上を下への大騒ぎとなった」などと困った事態に使い、「上を下への大繁盛《はんじょう》」などと好ましいことのように使うのは誤りです。

周囲の皆に明るくにこやかな態度をとる

△愛想《あいそ》をふりまく
○愛嬌《あいきょう》をふりまく

「愛嬌」と「愛想」は、もともと「愛敬相《あいぎょうそう》」という一つの仏教用語からできたと言われています。「愛敬相」とは仏の柔和で慈悲深い表情のことを意味し、ここから「愛敬→愛嬌」、「愛相→愛想」と変化してきたとのことです。

現代では、「愛嬌」は「愛嬌のある顔」「愛嬌たっぷり」というように、自然に備わった可愛らしさ、憎めない様子を表し、「愛想」は、「愛想がよい」「愛想笑い」「お愛想を言う」のように、人にいい感じを与えるために示す態度や動作をおもに表現しています。

「愛嬌をふりまく」が本来の言い方ですが、「愛想をふりまく」を使う人も多く、認められる傾向にあります。

飲食店で支払いのとき

×おあいそしてください
○お勘定《かんじょう》してください

寿司屋や居酒屋などで客が「おあいそして」と言うのをよく耳にしますが、「おあいそ＝勘定」ではありません。本来は、店側が客に勘定書きを示す際に「お愛想がなくてすみませんが」とクッション言葉として使ったのが始まりで、「おあいそ」は本来、客が使う言葉ではないのです。明治時代に京都で流行したのが、全国に広まったと言われています。

客は「お勘定してください」「お会計してください」と言うのが適当です。

その場だけの間に合わせ

×なおざり
○おざなり

この二つの言葉は、音だけでなく意味もそっくりで、混同しやすい言葉です。「おざなり」は漢字にすると「御座なり」で、宴会の席（お座敷）などで表面的に形ばかりを取りつくろった言動を指します。「おざなりの計画」「おざなりを言う」など。

一方、「なおざり」は漢字では「等閑」と当てられています。「等閑《とうかん》」は「なすこともなく、うかうかと」という意味の熟語です。「小学生の頃は、勉強をなおざりにして、とにかくよく遊んだ」などと使います。「なおざり」の成り立ちは、一説によると「なほ（猶）＋さり（去り）」。つまり、そのまま何もしないで放っておくことだと言います。

上司が部下に注意をする

×部下をいさめる
○部下をたしなめる

「いさ（諫）める」は間違いやよくない点を改めるように言うことですが、辞書には「おもに目上の人に対して」とあります。「主君の愚行をいさめる」「上司の傲慢な態度をいさめる」「父に酒量を減らすよう、いさめる」などと使い、『平家物語』に「国に諫《いさめ》る臣あれば、其国必ずやすく、家に諫る子あれば其家《そのいえ》必ずただしといへり」とあります。部下に注意するときには、反省を促すという意味の「たしなめる」が適当でしょう。「たしなめる」は漢字では「窘める」と書きます。「嗜める」と書かないよう注意しましょう。

快諾する

×一つ返事で引き受ける
○二つ返事で引き受ける

慣用句としての「二つ返事」には、ものを頼まれた時などに、すぐに快く承諾するという意味があります。一方、「ハイハイ」と二つ重ねて返事をすることも「二つ返事」と言います。「ハイハイ、わかりました。今すぐお茶をお持ちすればいいんですね」などと言うと、仕方なく引き受けると言った意味合いになり、「ハイは一回でいい！」と注意されかねません。このため、「二つ返事」ではなく「一つ返事」と言ってしまう間違いが生まれたと考えられます。「一つ返事」は辞書に見当たりません。

紹介や予約のない客

×フリーの客
○ふりの客

「ふりの客」とは、料理屋・旅館などで紹介や予約なしに来るお客のことで、「一見《いちげん》さん」も同じです。漢字では「振りの客」「風《ふり》の客」と書きます。その語源として、昔、遊郭で手順を踏まず、いきなり大手を振ってやってくる客を「ふりこみ」と言い、遊女がそういう客を嫌い、「ふり」と言ったのが始まりだという説があります。また、雨宿りのため急に入って来たような客なので「降りの客」という説もあります。

「フリーの客」は誤りです。英語の「フリー（free）」は「自由な、無遠慮な、無料の」などの意味です。たまたま音が似ているので、使われるようになったのでしょう。

大変な努力によって得られた結果

×血と涙の結晶
○血と汗の結晶

苦労に苦労を重ね、忍耐強く努力したことで得られた成果。正しい慣用句は「血と汗の結晶」です。「血と汗」という言葉は、苦労して努力することをたとえていう決まり文句。「結晶」とはそうした結果、ひとつの形として現れたものを言います。「血と涙の結晶」という間違いは、人間味がなく冷酷だという意味の「血も涙もない」という慣用句と混同したか、試合で優勝して泣いている選手を見て勘違いしたのかもしれません。

道で人と袖を触れ合うような少しのことでも、前世《ぜんせい》からの因縁《いんねん》によるもの

×袖振り合うも多少の縁
○袖振り合うも多生《たしょう》の縁

「多生」は見慣れない熟語ですが、もともとは仏教用語で、何度も生まれ変わること。「多生の縁」は、何度も生まれ変わる間に結ばれた前世の因縁という意味です。多少（わずかばかり）の縁ではないのです。一方「他生《たしょう》の縁」という表記も見かけます。「他生」も仏教用語で、この世を基準とした場合の過去の生と未来の生を指します。本来は「多生の縁」ですが、「他生の縁」も辞書に出ており、間違いとは言えないでしょう。「袖振り合う」は「袖すり合う・袖触れ合う」などとも言います。

頼りにするところが何もない

×取り付く暇がない
○取り付く島がない

「上司に相談しようとしてしても、忙しそうにしていて取り付く島がない」。何かに頼ろうとしても周囲に頼るものが何もない状態の時、また相手がそっけなく、話しかけるきっかけがつかめないような時に使う慣用句です。

「暇」でもよさそうですが、誤用です。泳げない人が海に投げ出されて、何かにしがみつこうとしても周りに何もない様子を表現した言葉なので、この様子をしっかりと頭に入れておくと、間違うことはありません。

目立つ者はとかく他から押さえつけられる

×　出る釘《くぎ》は打たれる

○　出る杭《くい》は打たれる

頭角《とうかく》を現す人は、とかく人から憎まれたりねたまれたりすることのたとえ。また、出すぎた振る舞いをすると非難されて制裁を受けることのたとえでもあります。地面に何本か打たれた杭の中で、他より高い杭があれば、他と高さが揃うまで打たれるという意味で、横並び主義を皮肉ったことわざです。

派生して「出る杭は打たれるが、出すぎた杭は打たれない」とも。パナソニック創業者・松下幸之助による名言だと伝えられています。

途絶えることなく続く様子

×　のべつくまなし

○　のべつまくなし

「のべつ（延べつ）」は絶え間なく、ひっきりなしにという意味。「まくなし」は「幕無し」。もともとは芝居の途中に幕を引くことなく、つまり休みを入れないで、引き続き演じることから来ています。「休みの日は、のべつ幕なし何か食べている」などと使います。

「のべつくまなし」は誤りです。「すみずみまで」という意味の「隈無く《くまな》」と勘違いしたのかもしれません。

置き去りにされる

△置いてきぼりをくらう
○置いてけぼりをくらう

「置いてけぼり」は、江戸本所七不思議《えどほんじょななふしぎ》のひとつ「置いてけ堀」に由来します。この堀で魚を釣り帰ろうとすると、堀の中から「置いてけ」という恐ろしい声がし、家に逃げ帰り魚籠《びく》をのぞくと、魚が1匹も入っていなかったという怪談話です。「置いてけぼり」のように「動詞の命令形＋名詞」という複合語には「振り込め詐欺《さぎ》」などがあります。「置いてきぼり」はそれが音変化した語で、複数の辞書にも載っており、間違いではないとされています。

食欲が出る、興味がわく

×食指《しょくし》がそそられる
○食指が動く

「食指が動く」は、中国古代の孔子が編集したとされる魯国の歴史書『春秋』の注釈書の一つ『春秋左氏伝《しゅんじゅうさしでん》』にある逸話《いつわ》に由来します。「食指」とは人差し指のこと。鄭国《ていこく》の霊公《れいこう》の時代、楚国《そこく》から鼈《すっぽん》が献上された折、公子宋《こうしそう》と公子家《こうしか》が連れ立って朝廷に上がる時、宋《そう》の食指がぴくぴく動いたので、家《か》にその指を見せながら「ご馳走にありつく前兆だ」と言いました。しかしこの後、宋は食べさせてもらえず、それを恨み、のちに霊公を殺すことになります。「食指が動く」は一般的には食欲が起こること、転じて興味や関心がわくという意味で使います。「食指がそそられる」のほか「食指を伸ばす・食指を動かす」も誤りです。

野心を抱いて行動を始める

×触手が動く
○触手を伸ばす

「触手」とは動物の感覚器官・捕獲器官で、具体的にはイカやタコの足（腕）の部分など。生き物が食べ物を捕えようという動作から、野心を抱いて徐々に行動に移すことを意味する慣用句です。

「触手が動く」は別の慣用句「食指が動く」との混同でしょう。

余計なことを言ったばかりに、災難が降りかかるということわざ

×雉《きじ》も飛ばず撃《う》たれまい
○雉も鳴かずば撃たれまい

雉の雄《おす》は「ケンケーン」と甲高く鳴きます。たとえ草むらに潜んでいても、鳴き声から猟師に場所を知られてしまうでしょう。もとになった昔話がいくつかあります。一つは貧しい父娘の悲劇。病気の娘が食べたいと言った小豆粥《あずきがゆ》を作るために、わずかな盗みをはたらいた父親が、元気になった娘の手まり歌がもとで犯行がばれ、川の氾濫《はんらん》を防ぐための人柱《ひとばしら》にされてしまうという話。それ以来、娘はショックで口をきかなくなってしまうのですが、あるとき、猟師が雉を弓で射《い》た場にその娘が現れ、「雉も鳴かずば撃たれまいに」とひとことつぶやいたというのです。他の昔話も、何かを言ったことがもとで人柱にされるというパターン。「口は災いの元」と同じ戒めです。

世間の人々の議論を引き起こす

×物議《ぶつぎ》を呼ぶ
○物議を醸《かも》す

「醸す」とは発酵により酒や醤油をつくること。転じて、ある状態・雰囲気を生み出すことです。「首相の発言が物議を醸した」などと使います。「物議を呼ぶ」のほか「物議を醸し出す」という言い方も目にしますが、慣用句としては誤りです。

本心ではない上辺《うわべ》だけの巧《たく》みな言葉

×口先三寸
○舌先三寸

口先だけのうまい言葉で、相手をだましたり言いくるめたりすることを意味する慣用句は「口先三寸」ではなく「舌先三寸（舌三寸）」です。「舌先三寸でごまかされて、法外な値段の商品を買わされた」などと使います。

「口先だけの男」などと言うため、「口先三寸」を使いがちですが、「舌先三寸」は司馬遷《しばせん》の『史記』（平原君伝）に由来する故事成語です。合従連衡《がっしょうれんこう》の時代、「舌先三寸」で相手を言いくるめる話術が重要で、「三寸の舌を以て百万の軍隊より強力」といった内容が記述されています。

「三寸」は長さの単位で約9センチ。実際の舌の長さよりちょっと長めですが、「胸三寸」などという言葉もあり、短い範囲のたとえでしょう。

前言に反したことをすぐ言ったり、したりしたとき

×　舌の先の乾かぬうちに
○　舌の根の乾かぬうちに

あることを言ったすぐ後で、それとは反対のことを平然と言ってのけることを非難して言う慣用句。正しくは「舌の根」で、「あれほど夜食はやめると誓ったのに、舌の根の乾かぬうちに、何か食べたいと言っている」などと使います。

慣用句「舌先三寸」と混同して「舌の先」と誤る人は多いようです。舌の根よりも舌の先の方が乾きやすそうですが、間違いですので注意しましょう。

素人が技芸や学問などに専門家が驚くほどすぐれている

×　素人《しろうと》はだし
○　玄人《くろうと》はだし

「彼女は子育てが一段落してから、絵画教室に通い始めたのだが、その腕前は趣味の域を超えており、まさに玄人はだしだ」などと使われる慣用句です。「玄人はだし」とは、素人なのだが、あることにとても秀《ひい》でており、それを見た玄人つまりその道のプロが、これはとてもかなわないと、あわてて裸足《はだし》で逃げ出すという意味です。

「素人はだし」という言葉はありませんが、「素人離れしている」という言葉はあります。この「素人離れ」と「玄人はだし」が混じって「素人はだし」という間違いが生まれたのではないかと考えられます。

病気が日に日に少しずつよくなっていく様子

×薄皮をはぐように
○薄紙をはぐように

たくさん重ねてある薄い紙を1枚ずつはがしていくと、見た目には減ったかどうかわかりませんが、確実に少なくなっていきますね。「安静にしていたら、彼の病気は薄紙をはぐように快復に向かっていった」などと言います。「薄皮」をはいだら、かえって痛くなるので誤り。「薄皮をむくように」という誤りもあるので、注意しましょう。

陣頭指揮をする

×采配《さいはい》を振るう
○采配を振る

「采配」とは昔、戦場で大将が士卒を指揮するときに振った道具。厚紙を細長く切って作った総《ふさ》を木や竹の柄につけたもので、掃除のときに使う「はたき」に似ています。「わが家は祖母がまだ元気に采配を振っている」などと言い、「采配を振る・采配を取る」というのが本来の言い方です。

しかし近年「采配を振るう」という言い方が増加し、俗用として載せる辞書があります。「振るう」というのは「揮う」とも書きますが、これは「発揮」の「揮」です。「権力をふるう・料理に腕をふるう」などと言いますから、「采配をふるう」でもよさそうですが、本来の言い方を知っている人には間違っていると思われかねません。注意が必要です。

論理を組み立てて議論を展開する

×　論戦を張る
〇　論陣を張る

「論戦」か「論陣」か、どちらでもよさそうですが、「張る」がポイントです。「戦」が開始する前には軍隊を配置します。それが「陣」です。陣は「張る」「固める」などの動詞と結びつき、「戦」は「繰り広げる」「交わす」などの動詞と結びつきます。「教授陣を相手に堂々と論陣を張る」「教授陣を相手に激しい論戦を繰り広げる」というのが正しい用法です。

そんなに思い通りになるものではない

×　そうは問屋《とんや》が許さない
〇　そうは問屋が卸《おろ》さない

「問屋」とは、生産者から商品を仕入れ小売店に卸す（売る）流通業者です。１００円で仕入れたものを１２０円で小売業者に卸せば、問屋は20円の儲《もう》けが出ます。小売業者はこれを消費者に１４０円で売ろうとしている場合、問屋が１１０円で卸してくれれば、30円の儲けが出ます。そんな安い値段では問屋が卸してくれないよ、物事はそんなに都合よく運ぶものではないよ、というのが「そうは問屋が卸さない」ということわざです。

「利益を独り占めしようと思っても、そうは問屋が卸さないよ」などと使います。「許さない」でも同様の意味ですが、ことわざなので「卸さない」を使いましょう。

眠りから覚めたとき、気分が悪い

×目覚《めざ》めが悪い
○寝覚《ねざ》めが悪い

「寝覚めが悪い」とは、眠りから覚めたときの気分がよくない。そこから転じて、過去の行為を思い出し、良心に責めさいなまれるという意味の慣用句です。「友人を裏切ることになって、寝覚めが悪い」などと使います。

「寝覚め」も「目覚め」も、眠りから覚めるという意味では同じですが、「目覚め」は「自我の目覚め・性の目覚め・良心の目覚め」など、潜んでいた本能や理性などが動き始める意味に、よく使われます。

胸のつかえがなくなり、気が晴れる

×溜飲《りゅういん》を晴らす
○溜飲を下げる

「溜飲」とは胃液が上がってくること。胃液が上がってくるのは気分が悪いもの。それになぞらえて、不平・不満・恨みなど、胸のつかえがおりて、気が晴れることを「溜飲を下げる」や「溜飲が下がる」と言います。「言うだけのことは言って溜飲を下げた」「9回裏の逆転ホームランで溜飲が下がった」などと言います。

「溜飲を晴らす」「溜飲が晴れる」は誤りです。「溜飲を下げる」と似た意味の「鬱憤《うっぷん》を晴らす」との混同でしょう。

はっきり言わないで、あいまいに言う

△　口を濁《にご》す
○　言葉を濁す

「言葉を濁して本心を明かさない」などと使う慣用句。「言葉を濁す」が本来の言い方ですが、「口を濁す」も複数の辞書に出ており、同じ意味とされていますので、ここでは△にしました。「言葉が濁る」は間違いです。

はっきり言わない点では「お茶を濁す」という慣用句もありますが、その場をごまかすため、言葉だけでなく行動もいい加減であることが「言葉を濁す」との違いでしょう。

卑劣《ひれつ》なやり方で失敗させられる

×　足下《あしもと》をすくわれる
○　足をすくわれる

「調子に乗ると足をすくわれるよ」などと使う「足をすくわれる」。すきをついて失敗させられることを言います。相撲や柔道に「足払い」という技がありますが、油断をしているときにこれをかけられると、重心を崩し、あっけなく倒れてしまいます。

よく耳にする「足下をすくわれる」という表現は、足下はすくえないからという理由で誤りとする見解と、足下には足の先の方という意味もあるので誤りではないという見解がありますす。「足下に付け込む」などというように「足下」には弱点という意味もあるので、多くの人が使うようになったのかもしれません。ただし本来の言い方ではありません。

実力があって堂々としている

✕ 押しも押されぬ
〇 押しも押されもせぬ

「押しも押されもせぬ」という慣用句は、どこへ出ても圧倒されることがない、実力があり堂々としているという意味で、「押しも押されもせぬ大スターだ」などと使います。

一方、「押すに押されぬ」という慣用句もあります。押しても押せない、やはり「実力者」「厳然とした事実」などという意味ですが、「押しも押されもせぬ」と同じ意味として扱っている辞書もあります。

「押しも押されぬ」は使う人が多い表現ですが、「押しも押されもせぬ」と「押すに押されぬ」という二つの言葉の混交表現だとして誤りとされています。

いざという時に使うとっておきの手段

✕ 天下の宝刀
〇 伝家の宝刀

「伝家の宝刀」は家に代々伝わる名刀のこと。転じて、いよいよという場合にのみ使用するとっておきの手段、切り札という意味の慣用句です。「別件逮捕という伝家の宝刀を抜く」「退職願はサラリーマンの伝家の宝刀だ。抜いたら最後しまえない」などと使います。

「天下の宝刀」は天下に名高い名刀という意味でしょうが、慣用句としては誤りです。「伝家の宝刀」を耳から聞いて「テンカ」と覚えたのでしょう。

激しく怒る

×怒り心頭《しんとう》に達する
○怒り心頭に発する

激しく怒ることを意味する慣用句。正しくは「怒り心頭に発する」ですが、「怒り心頭に達する」を使う人が多いようです。「頭に来た」「頭に来る」という言葉があるので、そのイメージに引っ張られるのでしょう。

「心頭」の「頭」は、「口頭で指示する」の「口頭」や「まるで念頭にない」の「念頭」と同じく「～のあたり」を意味する接尾辞で、頭部の意味はありません。「心頭滅却《めっきゃく》すれば火もまた涼し」という言葉も「心頭」は心のことです。

引き際がきれいだ

×飛ぶ鳥跡《あと》を濁《にご》さず
○立つ鳥跡を濁さず

「立つ鳥跡を濁さず」とは、立ち去る者は自分のいた場所を汚れたままにせず、きれいにしてから行くべきだということ。また、引き際がきれいだということのたとえ。水鳥が飛び立った後の水辺が、濁らずに清いままであることに由来することわざです。「片付けて掃除をしてから引き上げよう。立つ鳥跡を濁さずだから」などと使います。

本来は「立つ鳥跡を濁さず」ですが、「飛ぶ鳥」を「飛んでいる鳥」ではなく「飛び立つ鳥」と解釈すれば、「飛ぶ鳥跡を濁さず」でも間違いではないとしている考えもあります。

ところどころ欠けている様子

○×櫛《くし》の歯が抜けたよう
○櫛の歯が欠けたよう

櫛の歯のように本来そろって並んでいるはずのものや、切れ目なく続くべきものが、ところどころ欠けている様子をいいます。「地元の商店街は次々と閉店し、櫛の歯が欠けたようなありさまになった」などと使います。

「歯が抜ける」に引きずられるのか、「櫛の歯が抜けたよう」という表現を見かけますが、櫛の歯は欠けるもので、抜けるわけではありません。

卑劣《ひれつ》な人をののしる時

○×風下《かざしも》にも置けない
○風上《かざかみ》にも置けない

道に外《はず》れるようなことを平気でする人を、仲間としては扱えないと罵《ののし》る言葉です「金融マンの風上にも置けないやつ」などと使います。風上に悪臭を発するものがあると、風下では非常に臭いことから言われるようになった慣用句です。

「風上にも」の「も」を「〜にすら」と取ると、「風下にも置けない」の方がよいのではないかと思うでしょう。しかし、この言葉は本来「風上に置けない」でした。そこへ強調の「も」がついて、「風上にも」と言われるようになったのです。強調の「も」とは「ゲームコーナーで500円も使った」の「も」と同じです。

金銭を惜しまないで使う

×金に任《まか》せて
○金に飽《あ》かせて

「金に飽かせて」は「飽きるほどふんだんにお金を使って」という意味の慣用句で「金に飽かせて建てた豪邸」などと使います。「金に任せて」は「力任せ」からの連想でしょうか、誤りです。

同じ構造の慣用句「暇《ひま》に飽かせて」にも、「暇に任せて」という派生型が現れています。どちらも慣用句なので、本来の「金に飽かせて」「暇に飽かせて」を使いましょう。

存続するか滅亡するかの瀬戸際《せとぎわ》

△存亡《そんぼう》の危機
○存亡の機

「存亡の機」は中国古典の『戦国策』に見え、慣用句としてはこれが本来の言い方ですが、「存亡の危機」を使う人が多く、辞書にも出ていて、誤用とは言えない状況です。

「機」と「危機」は意味が異なります。「機」にはいろいろな意味がありますが、「存亡の機」の「機」は「契機」すなわち「かなめ、物事の大事なところ」という意味です。三国時代、蜀の劉備《しょくりゅうび》の軍師《ぐんし》・諸葛亮《しょかつりょう》が書いた有名な「出師の表《すいしのひょう》」に、「三顧の礼《さんこのれい》」とともに「危急存亡《ききゅうそんぼう》の秋《とき》」というよく知られた言葉があり、これと混交して「(危急)存亡の危機」となったのかも知れません。

全力で物事に取り組む

×心血《しんけつ》を傾ける
○心血を注《そそ》ぐ

「これは彼が心血を注いだ作品だ」などと使う慣用句「心血を注ぐ」。「心血」とは精神と肉体のすべてのことです。「注ぐ」には「ひとつのことに集中する」という意味合いがあり「注意・注目」という熟語があります。「傾ける」も「全力を傾ける」など「力をあることに集中させる」という意味合いがあり、まさに「傾注する」という言葉もあります。

「心血を傾ける」でも意味はわかりますが、慣用句なのでそのまま使いましょう。

非常に深く人を憎む

×恨《うら》み骨髄《こつずい》に達《たっ》す
○恨み骨髄に徹《てっ》す

「恨み骨髄に徹す」は、恨みの感情が骨の髄までじわじわ染みとおる、心の底まで染み渡るという意味です。「徹す」は「徹《とお》る」「入《い》る」と言い換えて使われることもあります。「達す」は言いやすく一見分かりやすいので誤用されますが、恨みの強さは弱まるでしょう。「恨み」は「怨み」とも書きます。また「恨み骨髄に発す」という表現も目にしますが、「怒り心頭に発す」という言葉と混同したものと考えられます。

司馬遷の『史記』秦本紀《しんほんぎ》に「繆公《ぼくこう》の、この三人を怨むるや、骨髄に入れり」とありますが、「恨み骨髄に徹す」の正確な出典は不明です。

何かがきっかけになって、急に物事の本質が分かるようになる

×目から鱗《うろこ》が取れる
○目から鱗が落ちる

「目から鱗が落ちる」は聖書に載っているエピソードに由来する慣用句です。キリスト教徒を迫害していたパウロの目が見えなくなったとき、キリストが弟子に指示して、パウロの目に手を置かせると「目から鱗のようなものが落ちて」目が見えるようになり、パウロは回心したという話です。何かがきっかけとなり、急に視野が開けて、物事の実態が理解できるようになることをたとえています。「目から鱗が取れる」は誤りです。

目上の人の気に入られる

×お目にかなう
○お眼鏡《めがね》にかなう

「両親のお眼鏡にかなった婿」「監督のお眼鏡にかなった選手」などと使う慣用句です。「お眼鏡」は相手を敬って、その鑑識・判定などを表す言葉です。

日本に眼鏡が入ったのは室町時代という説がありますが、初めは手持ち式で、現在のタイプは江戸時代頃からと言われています。眼鏡は博学のシンボルで、18世紀頃には洋の東西を問わず、目上の人の前に眼鏡をかけて出るのは失礼に当たるとされていたそうです。

「お目にかなう」を使う人も多く、「お眼鏡にかなう」と同じ意味であると載せている辞書もありますが、眼鏡の歴史を考えると「お眼鏡にかなう」を使う方がよいでしょう。

はっきりとしていて疑いの余地のない様子

○火を見るより明らかだ
×火を見るように明らかだ

「増税が国民の反発を招くことは火を見るより明らかだ」などと使います。悪い結果になるのが予想される場合に使うのが一般的で、「君があの大学に合格するのは火を見るより明らかだ」などという使い方はしません。

『書経《しょきょう》』盤庚《ばんこう》・上に「予若観火（われ火を観《み》るが若《ごと》し）」とあり、それに対する孔安国《こうあんこく》の注の文章に「我視汝情、明若観火（われ汝《なんじ》が情を視《み》るに、明らかなること火を観るが若し）」とあります。「火を見るより明らかだ」は、これに由来すると考えられます。

英語の“as clear as day”は「昼間のように明るい。明々白々である」という意味です。これを見ると「火を見るように明らかだ」や「日を見るより明らかだ」にも理がありそうですが、慣用句としては「火を見るより明らかだ」が正しい形です。

灯《ともしび》が今にも消えてしまいそうな、心もとない状態

○風前《ふうぜん》の灯
×空前《くうぜん》の灯

「会員の高齢化で、この会の存続は風前の灯だ」などと使います。「風前の灯」とは風の吹くところにある灯で、危険が迫っていて今にも消えそうなたとえ。

「空前」は今までに例を見ないということなので、「空前の灯」は誤りです。

何が何でも、是が非でも

×石にしがみ付いてでも
○石にかじり付いてでも

どんな苦労をしても目標を達成させたいという意味の慣用句。「石にしがみ付いてでも」ではなく、「石にかじり付いてでも」が本来の形です。「石に食い付いてでも」という表現も見かけますが、これらの中でも「かじり付いてでも」が最も強い表現でしょう。

「石にかじり付いてでも、この難局を乗り切ってみせる所存です」などと使います。

よくわかるように丁寧に説明する

×噛《か》んで含むように
○噛んで含めるように

「噛んで含める」のもともとの意味は、親が食べ物を噛んで消化しやすいよう軟らかくして、乳幼児の口に含ませてやることです。そこから転じて、よく理解できるように丁寧に言い聞かせることを意味します。「先生は噛んで含めるように教えてくれた」などと使います。

昨今、「文章をじっくり噛んで含むように読んでみてください」「噛んで含むような話しぶりに感銘を受けました」など「噛んで含む」という誤りを見かけます。「噛んで含む」は「自分で、よく噛んで食べる」という意味になり、「噛んで含める」と意味が違います。

慣用句の元となった「噛んで含める」行動は近年、子に虫歯菌が移るからやめるようにと啓発されています。そのため、このような誤用が出現してきたのかもしれません。

人と人のつながりが、よりしっかりとしたものになる

✕ 絆《きずな》が深まる
○ 絆が強まる

「絆」は本来、馬や犬などをつなぎとめる綱のこと。転じて人と人との断ちがたいつながりのことを言います。旧仮名遣いでは「きづな」と書きましたが、現代仮名遣いでは「きずな」となりました。ただし「きづな」も許容できるとしています。

「絆」はもともと「綱《つな》」ですから、「深まる」ではなく、「強める・太くする・固くする」などが本来の言い方です。同様に「薄れる」ではなく、「弱まる・ゆるむ・切れる」などが適当です。また「深い絆」ではなく「強い絆・固い絆」でしょう。

しかし、昨今「試練を乗り越え、仲間の絆が深まった」のような表現が多くなりました。「絆」とは何か、という語源意識が薄れているからでしょう。さらに「絆」の持つ束縛、しがらみなどのネガティブな意味は無視され、よい意味だけで使われる傾向にあります。

そうしなければならない状況になって

✕ 必要にせがまれて
○ 必要に迫られて

「必要にせがまれて、パソコンを使うようになった」など、「必要にせがまれて」という言葉を耳にすることがありますが、文脈から言って「必要に迫られて」の言い間違いでしょう。「執拗《しつよう》にせがまれて」との混同かもしれません。

これから先のことが予測できないことのたとえ

× 一瞬先は闇《やみ》
○ 一寸先は闇

1寸は約3センチメートル。その先が見えないということは、目の前が真っ暗闇だということになります。先の見通しのつかないことをたとえることわざです。「人生、一寸先は闇というからね。明日はどうなるか、だれにも分からない」などと使います。

「一瞬先は闇」は言い得て妙ですが、ことわざとしては間違いです。

絶対に服従しなければならない命令

× 至上命題
○ 至上命令

「売り上げ増進の至上命令が下《くだ》る」などと使う「至上命令」。「至上」とは「この上もないこと」で、「至上命令」は是が非でも従わなければならない最高の命令という意味です。

ところが「リーグ優勝が至上命題」「教育界の至上命題は…」など、「命令」ではなく「命題」となっている例を見ることがあります。

「命題」とは論理学で「○○は××である」というように判断の内容を言葉で表したもの、または数学で真偽の判断の対象となる文章であり、「至上命題」という言葉はありません。「リーグ優勝が至上命題」に「至上命令」が合わないと思えば、「最優先課題」などと言い換えるべきでしょう。

可能な限りの努力を尽くす

×全知《ぜんち》全能《ぜんのう》を傾ける
○全身《ぜんしん》全霊《ぜんれい》を傾ける

「景気回復に全知全能を傾けます」「全知全能を傾けて問題解決に取り組みます」などという言葉を耳にすることがありますが、「全知全能」はすべてのことを知り尽くし、行える完全無欠の能力のこと。「全知全能の神」というように神をたとえる言葉であり、自らに全知全能が備わっているかのように語るのは不適切です。

全力で精一杯努力するという強い決意を表明したい場合は「全身全霊を傾ける」が妥当でしょう。「全身」で肉体、「全霊」で精神を表します。

その人が思いのほか能力があり、侮《あなど》れない

×片隅に置けない
○隅に置けない

思いのほか経験豊かであったり、才能や知識があったりして、軽視できないというときに使う慣用句は「隅に置けない」です。「彼はああ見えて、囲碁については社内では隅に置けないよ」「こっそり彼女を口説いていたとは、隅に置けない男だ」などと使います。「隅」を「片隅」としたり、「角」と書くのは誤りです。

また「隅に置けない」とは意味合いが反対の「力士の片隅にも置けない」などという言い方を耳にしますが、「風上にも置けない」の間違いでしょう。

年取った身体を励まし、奮い立たせる

×老体に鞭《むち》打つ
○老骨《ろうこつ》に鞭打つ

老人の身でありながら、年取った体を励まし、奮い立たせ、大いに努力することを表す慣用句です。「会長に選ばれた以上、老骨に鞭打って頑張ります」などと使います。

要注意なのは、あくまでも老人自身が謙遜《けんそん》して言うときの言葉だということです。これを「先生、これからも老骨に鞭打って厳しくご指導ください」などと言うのは失礼です。

「間違い」か、「間違え」か

×それは間違えだ
○それは間違いだ

「間違い」は「間違う」の、「間違え」は「間違える」の連用形が名詞化したものであり、「間違う」と「間違える」は似ていても別々の動詞です。主要な意味は、「間違う」は正しい基準から外れていること、「間違える」はAとBを取り違えるということです。

「それは間違いだ」などと名詞として使う場合は「間違い」が一般的で、「間違いの多い文章」「間違い電話」「間違い探し」「言い間違い」「お間違いのないよう」などと使います。

「間違え」は名詞としてではなく「道を間違えてしまった」「今度は間違えないでください」などのように動詞の連用形として出てきます。「間違いやすい」と「間違えやすい」は「間違う」と「間違える」の活用形＋「やすい」であり、どちらも間違いではありません。

仕方がない

×やんどころない
○よんどころない

「よんどころない事情で欠席する」の「よんどころない」を漢字で書くと「拠《より》所《どころ》無い」。「拠所」は「頼みとするところ」の意味です。そこから「よんどころない」は「やむをえない」という意味になります。「よりどころ→よんどころ」は音変化です。「よんどころない」を「やんどころない」と間違って覚えているケースを見かけますが、音が近い「やんごとない」との混同でしょう。「やんごとなき姫君」などと使う古語で、漢字なら「止ん事無い」となり、「高貴な」などの意味があります。「よんどころない」と「やんごとない」はともに大和言葉ですが、漢字で書いてみると意味の理解が進みます。

怒りを心の中に収めておくことができない

×肝《きも》に据《す》えかねる
○腹に据えかねる

「あの発言はどうにも腹に据えかねる」などと使い、我慢できない怒りを表現する慣用句です。腹を使った慣用句は多く、納得することは「腹に落ちる」、心の中にしまっておくことは「腹に納める」です。また「肝」を使った慣用句も多く、度胸があることは「肝が据わる」です。これに引きずられて、「肝に据えかねる」と誤るのかもしれません。

ささいなこととして問題にしない

○鼻にもかけない
×歯牙《しが》にもかけない

「歯」は並んだ歯の形を、「牙」は歯が上下あい交わった形を示し、意味はともに「歯」。「歯牙」は「歯」から転じて「口・言葉」を表します。司馬遷の『史記』（叔孫通列伝《しゅくそんとうれつでん》）の「歯牙の間に置くに足らず」に由来する言葉で、取り上げて論ずるに値しない、また相手にしないという意味になります。「世間の評判など歯牙にもかけない」などと使います。「鼻にもかけない」は誤りです。「鼻にかける」は自慢する態度を取ることで、「鼻にかけない」は謙虚なこと。一方、相手にしないことを「洟《はな》も引っかけない」と言いますが、この洟は鼻水のこと。「洟《はな》も引っかけない」と「歯牙にもかけない」を混同したのが「鼻にもかけない」なのでしょう。

その道の名人はどんな道具でも立派に使いこなす

○弘法筆を選ばず
×弘法も筆を選ばず

弘法大師《こうぼうだいし》（空海《くうかい》）のように書に優れている人は筆の善し悪しは関係ないということから、名人はどんな道具でも使いこなすということわざ。

いかなる名人にも失敗はあるものだという「弘法も筆の誤り」という別のことわざの影響で、「弘法も」と「も」をつけるのは誤りです。

代わりになる人がいなくて、この上なく大切な人

✕ かけがいのない人
〇 かけがえのない人

「かけがえ」とは「掛け替え」で、予備として用意しておく同種のもの。語源は弓道の弦、掛け軸など諸説があります。いずれにしろその「替え」がないのですから、「かけがえのない」とは「この上もなく大切な」という意味。「かけがえのない命」「かけがえのない我が子」などと、よく使う言葉です。

これを「かけがいのない」とすると、「掛け甲斐のない」と聞こえ、期待を掛ける値打ちがないと解釈できます。「彼はわが社にとってカケガイのない社員です」など、音声なら訛《なま》っていると思われるだけかもしれませんが、文字で残す場合は注意しなければなりません。

別れた男女の関係が元に戻る

✕ 焼けぼっくりに火が付く
〇 焼けぼっくいに火が付く

「焼けぼっくい」は「焼け棒杭」または「焼け木杭」とも書いて、燃えさしの木の杭のこと。これは生木に比べて火が付きやすいことから、転じて男女の関係をたとえる慣用句になりました。過去に関係を持っている間柄は縒《よ》りを戻しやすいという意味を表します。

「焼けぼっくり」は「松ぼっくり」と混同して、誤って使われるようになったものと思われます。ちなみに、「松ぼっくり」は漢字で「松毬」と書き、「まつかさ」とも読みます。

地位に執着してしがみつくさま

○恋々《れんれん》と
×連綿《れんめん》と

政治家の記者会見をテレビで見ていて、「地位にれんめんとしがみつく気はない」という発言を聞いたことがあります。字幕には「恋々と」と出ていました。「連綿と」と言ったのか「恋々と」と言ったのか定かではありませんが、この場合は「恋々と」が適当でしょう。「恋々と」は執着して未練がましいさまを言います。

「連綿と」は長く続いて絶えないさま。「恨み言を連綿と訴える」などの用例があり、「延々と」に近い意味です。「連・綿」ともに、連なるという意味があり、「綿々と」という言葉もあります。綿花から綿の繊維を引っ張ると、どんどん連なることに由来しています。

醜い争い

○泥仕合
×泥試合

「試合」はスポーツや武芸などの腕前をきそいあうこと、「仕合」は同じような動作をお互いにしあうことです。互いに相手の悪事や秘密をばらしたり、あげあしを取ったり、欠点を言い立てたりする醜い争いのことは「仕合」を使って「泥仕合」と言います。「泥仕合を演ずる・泥仕合の様相を呈する」など。もともとは歌舞伎から出た言葉で、舞台の上に作られた泥田の中で演じられた悲惨な立ち回りを指します。

重言《じゅうげん》（重複表現《ちょうふくひょうげん》）

同じ意味の言葉を重ねることを「重言」と言います。その典型例が「馬から落ちて落馬する」。いわゆる漢語の素養に乏しいことからくる重言を笑う一種の警句です。

フルバージョンの一例は「いにしえの昔の武士の侍が　山の中の山中《さんちゅう》で　馬から落ちて落馬して　女の婦人に笑われて　顔を赤らめ赤面し　家に帰って帰宅して　仏の前の仏前で　短い刀の短刀で　腹を切って切腹した」。これのどこがおかしいかを考えれば、重言の「間抜けさ」が理解できるでしょう。重言は話し言葉ではあまり気になりませんが、文字として残ると、冗長さは否めません。

避けた方がいい重言→言い換え例

●頭痛が痛い→頭が痛い、頭痛がする
●後で後悔する→後で悔やむ、後悔する
●一番最後→一番あと、最後
●日本へ来日→日本へ来る、来日する
●炎天下《えんてんか》の下《もと》→炎天下、炎天のもと
●違和感を感じる→違和感がある（覚える・持つなど）
●必見の価値あり→必見である　※「必見」で見る価値があるという意味あり
●全て一任する→全て任せる、一任する　※「一」だけで全部という意味あり

●まだ未提出→まだ提出していない、未提出
●まだ時期尚早→まだ早い、時期尚早
●予め予約する→予約する
●だいたい1時間くらい→だいたい1時間、1時間くらい
●過半数を超える→過半数に達する、半数を超える
●従来より→従来　※「従」は「〜より（から）」、「来」は「今まで」という意味
●元旦の夜→元日の夜　※元旦は1月1日の朝のこと
●クリスマスイブの夜→クリスマスイブ　※イブはイブニングと同じ。夜の意味あり
●甘いスイーツ→甘いお菓子、スイーツ
●お昼のランチ→お昼ご飯、ランチ
●全力でベストを尽くす→全力を尽くす、ベストを尽くす

以上は、あくまでも例です。「歌を歌う」は最初の「歌」に歌う意味が入っていないので重複ではありません。また「びっくり仰天」「むやみやたら」「好き好んで」など、意味を強調したり、語調を整えるために、あえて使われることもあります。

昔は、本来は外国語である「漢語」の意味があやふやだったため重言になった例もあるでしょう。今の時代は、外来語の意味があやふやなまま使うときにも注意が必要です。

言葉の知識　失礼な印象を与える言い方

言葉の使い方ひとつで、相手に失礼な印象を与えることがあります。大人になると、指摘されることもなくなり、相手に「言葉を知らない人だ。失礼な人だ」などと思われてしまいます。疑問を感じた言葉は、その意味を自分で勉強していきましょう。

読み飛ばす

「私の考えはメールに書いた通りですが、読んでいただけましたか？」「申し訳ない。そこは読み飛ばしてしまったようです」。

この会話、あなたはどう感じますか？

「読み飛ばして」が「読み落として」や「読み漏らして」なら、自分の不注意で読んでいないという意味ですが、「読み飛ばして」だと、「興味がない・不必要だ」と自ら判断して読まなかったという意味になってしまいます。

出席確認の一斉メールをするときなどに「すでにご返信くださっている方は、読み飛ばしてください」と自分から書くのは構いません。また「読み流す」という言葉もありますが、「いただいたメールを読み流していました」は失礼です。「愚痴なので、どうか読み流してください」なら相手の負担を軽くする効果があるでしょう。

ご賞味ください

「賞味」の「賞」は「ほめる」という意味の漢字で、本来「賞味」は食べ物をほめながら味わうことです。「賞味期限」というように、おいしさを味わうという意味もあります。「ご賞味ください」は、もともと食品メーカーなど「食のプロ」から消費者向けの宣伝文句だったのではないかと思われます。その自信満々の「ご賞味ください」を、一般人が食べ物を贈るときに使うと、違和感を持たれる可能性があります。特に目上の人へ贈るときや、手作り品を贈るときには、おこがましいと思われるかもしれません。

もともと日本は、物を贈るとき「つまらないものですが」などと謙遜する文化です。「わずかばかりですが（よろしければ）お召し上がりください。お口に合えばよろしいのですが」などが無難でしょう。

やり手

「子育てしながらお店も経営するなんて、やり手ね」「ご主人、どんどん事業を拡大して、やり手なんですね」など面と向かって言うと、ほぼ嫌な顔をされます。「やり手」に良いイメージはありません。というのも、「やり手」の語源は「遣手婆《やりてばばあ》」だと言われているからです。「遣手婆」とは昔の遊郭で、遊女の指導や手配をする中年女性。ここから転じ、物事を巧みに切り盛りする人を「やり手」と言うようになりました。

語源を知らない人が増え続け、将来、ほめ言葉になるかもしれませんが、今はまだ要注意の言葉です。

如才《じょさい》ない

「彼女は何でも如才なくこなす」などと使う「如才ない」は、手抜かりがなく愛想もよいという意味ですが、「あなたって如才ない人ね」などと直接言うのは避けた方が無難です。ほめたつもりでも「抜け目がない」に通じる皮肉と受け取られる可能性があるからです。

「如才」は『論語』(八佾《はちいつ》第三)の一節「祭如在。祭神如神在(祭るに在《いま》すが如くし、神を祭るに神在《いま》すが如くす)」に由来します。ここでの「如在」は神や先祖がおられるかのように真心を尽くすことですが、誤記から「如才」となりました。意味も「手落ち」に変化したという説が流布していますが、「如才ない」の「ない」は「無い」ではなく、「きたない」などの「ない」と同じく状態を表す接尾辞であり、「如才」は手抜かりがなく愛想もよいという意味のままだという説があります(東京書籍『語源海』杉本つとむ著)。

そつがない

「そつ」は語源がはっきりしない言葉です。「手落ち・手抜かり・無駄」などの意味で、「そつがない」はそれらがないことです。

「あの人は何をさせてもそつがない」「そつのない返事」などと使う分にはいいですが、面と向かって「あなたって何でもそつなくこなすわね」などと言うのは、「如才ない」と同様、避けた方が無難です。

「要領がいい」も本来は良い意味ですが、「手抜き」や「調子がいい」という裏の意味を持つので、面と向かって「要領がいいですね」と言うのは避けた方がいいでしょう。代わりに「スマート(賢い)」や「段取りがいい」が使いやすいのではないでしょうか。

さすが

先輩社員に仕事を教えてもらい「さすが先輩、すごいですね！」とほめたつもりが、嫌な顔をされることがあります。

「さすが」は古語で「とは言うもの」といった意味で、「流石」の当て字は中国の故事からと言われています。「枕石漱流《ちんせきそうりゅう》（流れに漱《くちすす》ぎ石に枕《まくら》す）」と言おうとして「枕流漱石《ちんりゅうそうせき》」と反対に言ってしまった孫楚《そんそ》という弁論家が、「石で口をすすぐのは歯を磨くため、流れに枕するのは耳を洗うため」と詭弁《きべん》を弄《ろう》したところ、周りは「さすが孫楚だ」と逆に感心したというのです（『晋書《しんしょ》』孫楚伝《そんそでん》）。夏目漱石がこれを筆名に取り入れたのは有名な話です。

「さすが」は一癖ある言葉で、自分の期待通りだと改めて評価することの表れ。「さすが、私の見込んだ〇〇君だ」と目下に言うのはまだしも、目上に対して直接言うと「あなたに言われたくない」と思われかねません。評価より「おかげ様で助かりました。ありがとうございました」と感謝を表したり、「敬服します」などの言葉がよいでしょう。

海千山千《うみせんやません》

海に千年、山に千年住んだ蛇は竜になるという中国の故事に由来する「海千山千」。したたかで抜け目がないという語感があります。

「社長は何でもご存知なんですね。さすが海千山千でいらっしゃる」など、ほめるつもりで直接言うのは失礼です。

馬が合う

馬とその乗り手の呼吸がぴったり合うということから転じて、「気が合う」「意気投合する」という意味の慣用句です。「彼とは妙に馬が合って、コンビを組むと仕事がうまくいくんだ」「あの二人は初めから馬が合わないようだった」などと、対等の立場の人に対して使います。

これを「あの教授とは馬が合いそうなので、研究室を見学した」「馬の合いそうな医者を見つけた」などと言うと、聞いた人に横柄な印象を与えます。

いつも矍鑠《かくしゃく》としていらっしゃいますね

「矍鑠」は、年を取っても元気だという意味です。語源は『後漢書《ごかんしょ》』馬援伝《ばえんでん》。62歳の馬援が戦陣に立とうと願い出ましたが、光武帝は高齢を理由に許しません。すると馬援は甲冑《かっちゅう》をつけて馬に乗り、元気なところをアピール。それを見た光武帝が「矍鑠たるかな、この翁《おきな》は」と喜び、参戦を許したそうです。なお「老いて益々《ますます》盛ん」という慣用句も、この馬援に由来します（『後漢書《ごかんしょ》』馬援伝《ばえんでん》）。

「矍」は目2つ＋隹《とり》＋又。鳥が目をキョロキョロさせるところから、キビキビと活発な様子。「鑠」は金へんに楽の旧字で、キラキラ光り輝く様子。しかし矍鑠は老人限定の言葉なので、「矍鑠とした若者」とは言いません。

また「〇〇さんは90歳になるが、矍鑠としている」と陰でほめるのはいいのですが、直接言うと、相手を老人扱いしていることになります。「いつもお元気で、溌剌《はつらつ》としていらっしゃいますね」が無難でしょう。

第3章

正しい読み方

雰囲気

×ふいんき
○ふんいき

「ふんいき」を「ふいんき」と間違うのは「んい」が言いづらいのが原因かもしれません。「不陰気」「雰因気」などという誤字も見かけます。「雰《ふん》」という漢字は、「地球をとりまく大気」という意味。「雰囲気」は「その場の気分・空気」といった意味で、「ふん＋い＋き」で「ふんいき」なのです。

歴史的には「あらた（新）しい→あたらしい」「さんざか（山茶花）→さざんか」という変化が定着した例もありますが、「ふいんき」は、今の時点では誤りです。

続柄

×ぞくがら
○つづきがら

親族としての関係を表す「続柄」。「柄《から》」は「はらから・やから・ともがら」などの「から」と語源的に同じで「一つのたねから芽を出し命をつないだもの」だと言われています。

正式には訓読み同士で「つづきがら」と読みますが、音読み＋訓読みの湯桶《ゆとう》読みで「ぞくがら」と誤読する人が多く、「続柄」の俗な読み方として載せている辞書もあります。「続き柄」と送り仮名があれば、間違って読む人もいなかったかもしれませんが、役所などで表の項目などに使われる語句の送り仮名が省略されることは、よくあることです。

綺羅星のごとく

×きらぼしのごとく
○きら　ほしのごとく

「綺」「羅」は、どちらも絹でできた布のことで、「綺羅」は美しい衣服。「綺羅星のごとく」は、美しくきらびやかなさまは夜空に輝く星のようだという意味で、「トップスターが綺羅星のごとく集まる」などと言います。「きらぼし」と続けて読むのは、童謡「きらきら星」の影響かもしれませんが、誤りです。「綺羅星」という星があるわけではありません。

また一人の人物については使いません。「綺羅星のごとく現れた歌姫」などの言い方は、「彗星《すいせい》のごとく」との混同もあるでしょう。

怒髪天を衝く

×どはってんを　つく
○どはつ　てんをつく

激しい怒りのために、頭髪がさかだって、冠をつき上げるということ。それほどの激しい怒りを表す言葉で、「怒髪天を衝くばかりの形相《ぎょうそう》でにらみつけた」などと使います。

司馬遷《しばせん》の『史記』に、秦の昭王にだまされた藺相如《りんしょうじょ》のすさまじい怒りの形相が「怒髪上《のぼ》りて天を衝く」と形容されているのに基づく故事成語です。「怒髪冠《かんむり》を衝く」とも言います。「帝釈天・毘沙門天・韋駄天」など仏の守護神の名前に影響されるのか、「怒髪天」という三字熟語で使われる例がありますが、本来は誤りです。

間髪を入れず

× かんぱつをいれず
○ かん　はつをいれず

中国の逸話集《いつわしゅう》『説苑《ぜいえん》』に「其の出づる出でざるは、間《かん》に髪《はつ》を容《い》れず」とあり、これを出典とする故事成語です。間に髪の毛1本もはさむことができないほど「とっさに、すぐに」という意味で、「間」で区切って「髪を入れず（判断する）」などと言います。

しかし、多くの人が「間髪」を「かんぱつ」という熟語だと誤解し、「かんぱつをいれず」と読んでしまっています。「断髪《だんぱつ》」や「瞬発力《しゅんぱつりょく》」などの例にもあるように「んは」という発音がしづらく、「んぱ」となるせいもあるでしょう。

習い性となる

× ならいしょうとなる
○ ならい　せいとなる

中国の古典『書経《しょきょう》』（太甲上《たいこうじょう》）に「これ乃《なんじ》の不義《ふぎ》、習い性と成る」とあり、それに基づく言葉。「このようなあなたの不義は、繰り返しているうちに生まれつきの性質のようになってしまうでしょう」という意味です。今は、良い悪いに関わらず、習慣もずっと続けているうちに自然と身について、ついにはその人の生まれつきの性質のようになるという意味のことわざとして流布《るふ》しています。「ならい」で切って「せいとなる」と読みますが、「習い性」を「ならいしょう」と読み、一つの言葉だと思っている人が多く見られます。

代替

○△　だいがえ
○　だいたい

「代替案」などと言う場合の「代替」は、それに見合う他のもので代えるという意味です。本来は「だいたい」と読むのが正しいのですが、「だいがえ」と重箱読みする人が多い言葉です。「替」を「たい」と音読みする言葉は「交替」くらいしかないのに対し、「両替・畳替え・模様替え」など「替」を訓読みする例は多数あるのが原因の一つでしょう。

また「だいたい」と読むと「大体」との区別がつきにくいという問題もあり、「だいがえ」という読みを認める辞書もあります。放送業界では「だいたい・だいがえ」のどちらも使わず、「代わりの」などと別の言葉を使用しているようです。

目の当たりにする

○×　めのあたりにする
○　まのあたりにする

「就職して社会の現実を目の当たりにした」などと使う「目の当たり」という言葉。目の前でじかに見ること、遭遇することを意味し、読みは「まのあたり」です。

目《め》は古くは「ま」と言っていました。まつげ（目つ毛）、まぶた（目の蓋）、まなこ（目の子）、まなじり（目の後）、まばゆい（目映い）などとともに「まのあたり」も古い形のまま残っています。発音に引きずられて「間の当たり」と書かないよう注意しましょう。

凡例

×ぼんれい
○はんれい

「凡例」とは本の初めに掲げる、その本の編集方針などで「例言《れいげん》」とも言われます。

漢字の音読みには、わが国に先に入った呉音と後から入った漢音などがありますが、「凡」の音読みは呉音が「ぼん」、漢音が「はん」です。熟語としては「凡才・凡庸・平凡・非凡」など「ぼん」と読むものがほとんどで、「はん」と読むのは「凡例」くらいのものです。裁判で先例を意味する「判例《はんれい》」と紛らわしいという問題もありますが、「はんれい」が正しい読み方です。

汎用

×ぼんよう
○はんよう

「汎用」とは、いろいろの方面に広く用いること。「汎用性が高い」「汎用コンピューター」などと言います。これは「はんよう」と読むのが正しく、「ぼんよう」は誤読です。

「汎」の音読みは「はん」で、「ぼん」という読みはありません。右側の部分の「凡」の音読みが「ぼん」と「はん」なので、つい「汎」も「ぼん」と読むと思いがちですが、注意しましょう。「ぼんよう」と言うと、聞いた人は「凡庸（平凡でとりえがないこと）」を思い浮かべてしまい、話がかみ合わないでしょう。

暴露

× ぼうろ
○ ばくろ

暴露を「ぼうろ」と誤読するのは、「暴力・暴走・暴風」など「ぼう」と読む熟語に引きずられているからでしょう。「暴露」は、本来は「曝露《ばくろ》」と書いて、「あばいて明るみに出す・(日に)さらす」という意味です。しかし「曝」が常用漢字に入っていないため、「暴露」に統一される傾向にあります。

「暴」にも「あばく・さらす」という意味があり、「不正を暴露する」などというときは違和感がないものの、「放射能に暴露する」などという場合は、もとの「曝露する」の方がしっくりくるという見方もあります。

定礎

× じょうそ
○ ていそ

大きなビルの入り口付近に「定礎」という字が彫られていることがあります。「定礎」とは建築の着工に際して、礎石(建築の土台となる石)を据えること。日本では一般的に建築が完成した時に定礎式が行われ、定礎という文字と日付の入った記念プレートがはめ込まれます。「定」は音読みが「てい(漢音)」と「じょう(呉音)」。囲碁の「定石《じょうせき》」から類推するのかもしれませんが、「定礎」を「じょうそ」と読むのは誤りです。

一矢を報いる

×いちやをむくいる
○いっしをむくいる

敵の攻撃に対して、矢を射返すこと。転じて、自分に向けられた攻撃・非難などに対して反撃・反論するという意味の慣用句です。一般的に、勝敗をくつがえすような大きな仕返しのときには使いません。

「一矢」を「いちや」や「ひとや」と読むのは誤り。「矢」の訓読みは「や」ですが、音読みは「し」です。矢を「し」と読む熟語は「嚆矢《こうし》」くらいしかなじみがないため、「いちや」と読んでしまうのでしょう。「嚆矢」は「鏑矢《かぶらや》」のこと。射ると音がして戦闘の合図とされました。転じて「物事のはじめ」という意味があります。

「一死《いっし》をもって恩義に報いる」と混同して「一死を報いる」と書くのも誤りです。

給湯室

×きゅうゆしつ
○きゅうとうしつ

「給湯室」は、会社などでお湯を沸かしてお茶などを入れる小部屋のことです。「きゅうゆ」と読むのは音読み＋訓読みの重箱読みですし、「きゅうゆ」という音からは「給油」が思い浮かんでしまいます。湯の音読みは「とう」。「熱湯・銭湯・湯治」などと同様に「とう」と読みましょう。

早急

○さっきゅう
△そうきゅう

「早急に対策を講じる」などというときの「早急」は「非常に急ぐ」という意味で、「至急」と言い換えることもできます。読みは本来「さっきゅう」ですが、「そうきゅう」と読む人が多く、慣用読みとして認められる傾向にあります。「早速」という言葉は初め「そうそく」でしたが、音変化で「さっそく」になり、その影響で「早急」も「さっきゅう」になったのではないかという説があります。「そうきゅう」は言わば本来の読み方への先祖返りです。

「早急」は、主に自分がこれからやることに対して使うので、「早急なご返信、ありがとうございます」という文には違和感があります。「早速のご返信（早々のご対応）ありがとうございます」の方がいいでしょう。

順風満帆

○じゅんぷうまんぱん
×じゅんぷうまんぽ

順風（追い風）を帆いっぱいにはらむ様子にたとえた「順風満帆」は、物事が順調に運ぶことを意味する四字熟語です。「帆」の訓読みは「ほ」、音読みは「はん」。訓読みをする言葉には「帆掛《ほか》け船《ぶね》」や「帆影《ほかげ》」などがあり、「帆船《はんせん》」「帆布《はんぷ》」「出帆《しゅっぱん》」などは音読みです。「満帆」の「帆」を「ぽ」と読むのは訓読みで、「まんぽ」は重箱読みです。

出生

〇△ しゅっせい
〇 しゅっしょう

人が生まれ出ることを意味する「出生」は伝統的に「しゅっしょう」と読みます。「出生地、出生届、出生率」などは正式には「しゅっしょう」ですが、世間では「しゅっせい」と読まれる傾向があり、近年「しゅっせい」は慣用読みとして認められるようになりました。「生」を「しょう」という呉音で読む（一生・誕生・生涯など）より、「せい」という漢音で読む（生命・人生・生活）方が多く、「しゅっしょう」より「しゅっせい」の方が発音しやすいためではないかと見られています。

貼付

〇△ てんぷ
〇 ちょうふ

「履歴書に写真を貼付する」などと使う「貼付」。正式な読みは「ちょうふ」ですが、意味が近い「添付」という熟語もあり、またそもそも「貼」字の発音を示す部分の「占《せん》」字には、その字を含む「店」や「点」を「てん」と読むように、古代には「てん」という発音があったせいもあるでしょう。慣用読みとして「てんぷ」も認められる傾向にあります。

「貼付」は「ペタッと貼る」こと、「添付」は「メールに写真を添付する」というように「添える」ことです。

声を荒らげる

△声を荒（あ）らげる
○声を荒（あら）らげる

「声を荒らげる」は、激しい語気の声を出すという意味の慣用句です。本来の言い方は「あららげる」だったのですが、誤って「あらげる」と言う人の方が多くなってしまい、「あらげる」も認められる傾向にあります。しかし「あららげる」しか認めない人には間違いだと指摘されかねないグレーゾーンの言葉です。「荒らげる」と漢字で書かれている場合、「荒」を「あら」と読むか、「あ」と読むか迷いますね。「荒」の訓読みは「あら・あ」どちらもあるだけに、誤読されるようになったと思われます。

多士済々

△たしさいさい
○たしせいせい

「多士」は優れた才能を有する大勢の人、「済々」は数が多くて盛んなさま。優れた人材が多いことを表す「多士済々」という四字熟語は「たしせいせい」と読むのが正式です。

「済」は多くの読みと意味の広がりを持つ漢字。訓読みの「済《す》む」はよく使われています。音読みは「さい（呉音）」と「せい（漢音）」があり、返済《へんさい》、救済《きゅうさい》、経済《けいざい》など呉音で読む熟語が数多くあります。このため「済々」を「さいさい」と読む人が多くなったのでしょう。近年は「たしさいさい」を認める辞書もあります。

野に下る

× のにくだる
○ やにくだる

「野」を「の」と読む間違いが多い言葉です。「野に下る」は公職・官職を離れて民間の生活に入ること。「野《や》」は「郊外・いなか」の意味で、国の中枢を離れて郷里や田舎にこもることです。「官を辞して野に下る」というのが本来の使い方です。「在野」「野党」のように公的機関や体制側ではないという意味もあります。

「野に下る」は「下野《げや》する」とも言います。「野に下る」を「それまでの与党が野党になる意味で使うのは誤り」とする説がありますが、現実には「選挙で負けて野に下る」などとよく使われています。また、複数の辞書では「下野」の2つ目の意味として「与党が政権を失い野党となること」と載せています。意味が拡大しているのでしょう。

河川敷

○ かせんしき
○ かせんじき

「河川敷」は普通は河原《かわら》の部分を指しますが、「河川法」では「河川敷地」とも言い、一般に、川が流れる低水敷《ていすいしき》、洪水時に冠水する高水敷《こうすいしき》、堤防敷《ていぼうしき》を合わせた区域です。

辞書では「かせんしき・かせんじき」両方が認められていて、NHKも放送で両方の読みを認めています。なお「河川敷き」と送り仮名はしません。

相殺

×そうさつ
○そうさい

「相殺」とは債権などに関する法令用語から転じて、差し引きして帳消しにするという意味の言葉です。「殺」の発音には呉音「せつ（殺生）」と漢音に二種類「さつ」と「さい」があります。大まかに言えば、「さつ」と読めば「ころす」、「さい」と読めば「そぐ・減らす」という意味分けがありますが、「愁殺・忙殺」のように「さつ」とも「さい」とも読まれる意味を強める添え字の使われ方もあります。しかし「さつ」と読む言葉が圧倒的に多く、相殺を「そうさつ」と読めば、互いに殺し合うという別の意味になりますので要注意です。

礼賛

×れいさん
○らいさん

「礼賛」とは、すばらしいものとしてほめたたえること。もともとは仏教用語で「礼讃」と書きますが、「讃」が常用漢字外のため、しばしば「礼賛」と書き換えられます。「礼」の音読みは「らい（呉音）」と「れい（漢音）」とがありますが、呉音の方が日本に伝わったのが先で、特に仏教用語は呉音で読みます。「儀礼・非礼・礼金」など「れい」と読む熟語の方が多いため、「れいさん」と誤読されるようになったのでしょう。「礼拝」という言葉は、仏教の場合は「らいはい」、その他の宗教では「れいはい」と読みます。

思惑通り

×　しわくどおり

○　おもわくどおり

「思惑」とは「思うこと」という意味で、「彼の思惑通り、あの曲は大ヒットした」などと使います。「おもわく」と読むのが正解ですが、「惑」は当て字です。動詞「思ふ（思う）」のク語法で名詞「思はく（思わく）」となり、「わく」に「惑」が当てられました。ク語法とは、動詞の活用語の語尾にクが付いて全体が名詞化されるもので、「惜しむらく・老いらく・願わく」などがあります。「思わく」が「思惑」と書かれるようになると、両方を音読みして「しわく」と誤読する人が現れます。実は「思惑」と書いて「しわく」と読む別の言葉もあります。仏教で修行によって断ち切られるべき煩悩のことです。誤読を防ぐためには「思わく」と書いた方がよさそうですが、新聞などでは「思惑」としています。

重複

△　じゅうふく

○　ちょうふく

「重」の音読みは「ちょう」と「じゅう」の二つがあります。「重複」の伝統的な読み方は「ちょうふく」ですが、「じゅうふく」も認められる傾向にあります。「体重・重体・重箱」など「じゅう」と読む熟語が多く、「ちょう」と読む熟語で一般的なのは「重宝・慎重・軽重」など少数というせいで、「じゅうふく」が市民権を得てきたのでしょう。

自重トレーニング

× じちょう
○ じじゅう

「自重」は「じちょう」と読むか、「じじゅう」と読むかで意味が異なります。

「じじゅう」と読めば、自分の体重や船舶・車両などのそれ自体の重量のこと。「自重トレーニング」とは、自分の体重による負荷を筋肉にかけて鍛える腕立て伏せやスクワットのことです。

「じちょう」と読んだ場合は「自らを重んじる、言動を慎む」といった意味です。「自重しなさい」は「軽はずみなことをするな」という意味です。

一見さんお断り

× いっけんさんおことわり
○ いちげんさんおことわり

「一見」という言葉は、普通は「いっけん」と読みます。「百聞《ひゃくぶん》は一見に如《し》かず」などの場合です。しかし「一見さんお断り」などと言うときの「一見」は「いちげん」と読みます。上方《かみがた》の遊里《ゆうり》で生まれた業界用語で、だれの紹介もない初めての客の意味。「ふりの客」も同義です。昔は、支払いをその都度《つど》ではなく後でまとめて請求していたため、信用がない「一見さん」は断られるケースが多々ありました。京都のお茶屋（芸妓《げいこ》を呼んで飲食する店）などでは、トラブルを避けるため、今も「一見さんお断り」の店があります。

蕎麦屋の看板の「生そば」

✕ なまそば
○ きそば

「生」を「き」と読む場合、混じりけがない、自然のままのという意味です。「生醤油《きじょうゆ》」「灘《なだ》の生一本《きいっぽん》」など。元来「きそば」とは、そば粉だけを使い、他に混ぜ物のないそばのことでした。江戸時代、高級感を出すため看板に掲げられたと伝えられています。幕末以降は、そば粉8割の二八《にはち》そばも「生そば」という看板で高級感を訴えるようになりました。

一方、まだゆでていない生のそばも「生そば」と書かれることがあり、この場合は「生うどん・生ビール」同様、「なまそば」と読みます。

屋外

✕ やがい
○ おくがい

「屋」を「おく」と音読みする熟語には「家屋《かおく》・屋上《おくじょう》」などがあります。「屋外」は「おくがい」と読み、反対語は「屋内《おくない》」です。

「屋」の訓読みが「や」なので、「屋外」をつい「やがい」と読むのでしょうが、「野外《やがい》」と混同してしまいます。「屋外・野外」ともに、建物の外という意味がありますが、「野外」には野原、郊外という意味もあり、野外活動・野外フェスティバルなどを「屋外活動・屋外フェスティバル」と書くのは誤りです。

口腔外科

○△　こうくうげか

△　こうこうげか

「腔」は体内の中空になっている部分という意味の漢字です。つくりは「空」なので「くう」と読みたくなりますが、正式な音読みは「こう」です。

しかし医学の世界では「口腔《こうくう》・鼻腔《びくう》・体腔《たいくう》・腹腔《ふっくう》」などというように、慣用読みで「くう」と読みます。鼻孔《びこう》など同音異義語との区別をはかるために取り決めているようです。

×××等

△　など

○　とう

「学校等」「東京都・神奈川県・埼玉県等」と、言葉の後ろに「等」とある場合に、「とう・など・ら」のうち何と読むか迷うことがあります。「等」という漢字は常用漢字ですが、常用漢字表で認められている音読みは「とう」、訓読みは「ひと（しい）」だけですので、公用文などでは「とう」と読むしかありません。

公用文ではない場合、「とう」では硬いという場合に「など」と読むこともできます。前に来る言葉が人の場合は主に「ら」と読みます。

必ず「など」や「ら」と読ませたい場合は平仮名で書きましょう。新聞の用字用語集では「等」は「など」と仮名書きすることになっています。

一ヶ

✕ いっけ
○ いっこ

「一ヶ百円」などと言う「一ヶ」。小さい「ヶ」は片仮名のケではありません。個数を表す「個」の異体字「箇」の竹冠部分の略字「个」なのです。これは中国で古くから個（箇）の俗字として使われ、現代中国語でも簡体字としてさかんに使われています。

昔、中国から来た荷物などに「个」が続け字で書かれているのを、日本人が片仮名の「ケ」と見誤ったのが始まりだろうと言われています。

「一ヶ月」は本来「一箇月」で、読みは「いっかげつ」です。公用文や教科書では「ヶ」を使わず、「一か月」と平仮名で書き、新聞などは「一カ月」と片仮名で書くのが一般的です。なお「八《やつ》ヶ《が》岳《たけ》」といった固有名詞はそのままの使用が認められています。

小さく書くのは「ケ」と発音させないための工夫かもしれません。

出汁

✕ でじる
○ だし

「出汁」は、昆布や鰹節などの食品を煮出した「煮出し汁」の略です。「出汁」と書いて「だし」と読みます。「しる（じる）」は省略します。

「出汁は和食の土台となるものだ」「出汁の効いた味噌汁」などと使います。

重版出来

×　じゅうはんでき
○　じゅうはんしゅったい

一度出版した図書を、再び印刷出版することを「重版」と言います。「出来」とはできあがること。「しゅつらい」の音変化で「しゅったい」と読みます。つまり「重版出来」とは、「増刷分ができた」という意味の出版業界用語です。「重版出来」とともに広告に使われる「近日出来」も「きんじつしゅったい」と読み、近いうちにできますよという予告です。

コミック『重版出来！』がドラマ化されて、この言葉は多少有名になりましたが、業界人でも知らなかったり、知っていて、あえて「じゅうはんでき」と読む人もいるそうです。

脆弱

×　きじゃく
○　ぜいじゃく

「脆弱」とは脆《もろ》くて弱いこと。「あのコンピューターネットワークには脆弱性があり、ウィルス攻撃に対して無防備だ」などと、近年よく耳にするようになった言葉です。

「脆」は常用漢字ではないため、読みが分からず、「脆」の右側の部分「危」に注目して「きじゃく」と読む例があります。さらに「危弱性・気弱性」などと誤って書くことがあります。

また、耳から聞いてこの言葉を覚えたであろう人が、「ぜ」を「れ」だと思い、「れいじゃく」と発音したり、「れい弱」と誤って書く例も見受けられます。

凹凸

×でこぼこ
○おうとつ

「凹」と「凸」。これらはマークではなく歴《れっき》とした漢字です。「凹凸《おうとつ》・凸凹《でこぼこ》・凹面鏡《おうめんきょう》・凸版印《とっぱんいん》刷《さつ》」などの熟語があり、「凹凸の激しい路面」「凸凹の海岸線」などと使われます。

2字とも部首はカンニョウ（ウケバコ）。「凶・出・函」などと同じです。

「凹」は音読み「おう」、訓読み「へこ（む）・へこ（ます）・くぼ（む）」、「凸」は音読み「とつ」、訓読み「でこ」。ただし常用漢字表に出ている読みは「おう・とつ」だけです。

「凸凹」を「でこぼこ」と読むのは熟字訓で、「凹」だけでは「ぼこ」と読みません。

由々しき事態

×ゆうゆうしきじたい
○ゆゆしきじたい

「ゆゆしい」は「由々しい・忌々しい」と書き、語源は神聖を意味する「斎《ゆ》」だと言われています。古語としての「ゆゆし」は「神聖で恐れ多い・不吉である」という意味でしたが、現代で「ゆゆしき事態」という場合は「不快な出来事であり、そのままにしておくと大変な事態になるので見過ごせない」といった意味です。「防衛機密が漏洩《ろうえい》することは、国家にとって大変ゆゆしき（ゆゆしい）事態である」などと使います。

日常会話ではあまり使いませんが、政治家の発言で耳にすることはあります。

一家言

×いっかごん
○いっかげん

「一家言」とは、その人独特の意見や主張、持論です。「彼女はファッションに一家言あって、よく人の服装を見ている」「彼は外交問題に関して一家言ある」などと使います。

中国の歴史家・司馬遷《しばせん》の『史記《しき》』（太史公自序《たいしこうじじょ》）に「凡《およ》そ百三十篇、五十二万六千五百字、太史公書と為《な》す。序略、以て遺を拾ひ芸を補ひ、一家の言と成す」とあります。先人の遺《のこ》した書物をまとめ、補足し、独自の論考にまとめたといった意味ですが、最後の「一家の言」が「一家言」という言葉のもとになり、現代に伝わっています。「一家」は「一家を成す」などと言い、学術・技芸などで独自の権威や一派となることです。

金の草鞋

×きんのわらじ
○かねのわらじ

「金の草鞋を履《は》いて探す」は根気よくあちこち探し回ることをたとえることわざです。「金」は鉄の意味で、黄金ではありません。鉄製の草鞋なら、いくら歩いても擦《す》り切れることはなかろうという意味です。江戸時代中期から用いられていることわざで、「一つまさりの女房は金の草鞋で探してでも持て」が有名です。「金の草鞋で尋ねても二人とない名医」などと、下に打消しの言葉を伴って得難《えがた》い物事のたとえとすることもあります。

気色ばむ

× きしょくばむ
○ けしきばむ

「彼にミスを指摘したら、気色ばんで席を立った」などと言いますが、現代語で「気色ばむ」という場合、むっとして顔色を変えることです。この場合の「気色《けしき》」とは表情に現れた心の様子のこと。「ばむ」とは名詞について動詞をつくり、「〜の様子が現れる」という意味で、ほかに「黄ばむ・汗ばむ」などがあります。

「気色が悪い」と言う場合は「きしょく」と読みます。

所為

○ しょい
○ せい

漢文に由来し、現代日本語の中に深く浸透している言葉は多々ありますが、「所為」もその一つでしょう。

「所為」は、訓読すると「為すところ」。「しょい」と読めば「しわざ・ふるまい」という意味ですが、現代ではほとんど使われていません。しかし「せい」と読めば、毎日のように口にしたり耳にしたりする言葉となります。「失敗したのは君の所為だ」「年の所為か疲れやすい」「頭が痛いなんて、気の所為じゃないの？」「だれの所為でもない」など。「せい」は大和言葉ではなく、「所為」が「しょい→せい」と音変化した言葉です。

所謂

×しょせん
○いわゆる

「所謂」の「謂」は音読み「い」、訓読み「い（う）・いい・いわ（れ）」で、主に「言う」という意味の漢字です。「所謂」は一般的には「いわゆる」と読みます。漢文訓読で「所謂」を「言うところの」と読みますが、大和言葉に「いわゆる（言われている）」という古語があり、意味が同じなので、「所謂」を「いわゆる」と読むことにしたのです。

「所謂○○」は「世間でよく言う○○」で、「あのお店は値段の割においしい料理が出てくる、所謂コスパがよい店だ」などと使います。

「所謂」には2字を音読みした「しょい」という読み方もありますが、「しょせん」は誤りです。おそらく「所詮」との混同でしょう。「所詮」は「結局のところ」などの意味です。

言質をとる

×げんしつをとる
○げんちをとる

言質の「質《ち》」とは人質《ひとじち》や抵当《ていとう》の意味です。「言質」は言葉の質《しち》で、のちに証拠となる言葉のことです。「相手の言質を取る」などと使います。

「質」は「ち・しち」と読めば「抵当・かた」などの意味、「しつ」と読めば「もと・中身」などの意味をもちます。漢字は発音により意味の違いがあり、「質」はその好例です。

巣窟

× すくつ
○ そうくつ

「巣窟」はすみかのこと。「巣」は音読み「そう」、訓読み「す」。「巣」を音読みする熟語としては「営巣（巣を作る）」「卵巣」「病巣」など。訓読みする熟語は「古巣」など。「巣窟」を「すくつ」と誤読するのは、わざと間違うインターネット上のスラングもあるでしょうが、「そう」という読みになじみがないせいもあるでしょう。

動物が生まれつき持っている自分の巣に帰ることができる能力を「帰巣本能《きそうほんのう》」と言いますが、これを「帰趨本能《きすうほんのう》」としてしまう例もインターネット上には見られます。「帰趨」は「勝敗の帰趨は明らかだ」などと使い、「行き着くところ」という意味で、「帰巣」とは明らかに意味が違います。

誤謬

× ごびょう
○ ごびゅう

「誤謬」とは言葉や思考に関しての間違いという意味。「誤謬を犯す・誤謬を正す」などと使います。「謬」は音読み「びゅう」、訓読み「あやま（る）」です。常用漢字ではないので、あまり出てこない漢字ですが、「官僚の無謬性神話」などとして論説文に出てくることがあります。「無謬性」とは間違いを犯さないという意味です。

追従笑い

× ついじゅうわらい
○ ついしょうわらい

「追従」という言葉は「ついしょう」と読むと「媚《こ》びへつらう」という意味になり、「ついじゅう」と読むと「人の意見にそのまま従う」という意味になります。「他人の意見に追従する」だと「ついじゅう」ですが、「追従笑い」や「お追従を言う」の場合は前者の意味になるので「ついしょう」と読みます。

「従」という漢字は音読みで「じゅう」と読む言葉が多いですが、「しょう」と読む場合もあり「従容《しょうよう》」「合従連衡《がっしょうれんこう》」といった例があります。

一段落

× ひとだんらく
○ いちだんらく

「仕事が一段落ついた」という場合の「一段落」は「いちだんらく」と読みます。辞書では「ひとだんらく」について「誤りだが、話し言葉で使われることが多い」などと説明しています。「段落」が音読みなので「一」を音読みにするのが一般的です。「一大事、一面識」などはその原則通りです。しかし「一安心、一悶着、一苦労」など「ひと」と読む例外は多数あります。また「一段落」に似た意味の「一区切り」も「ひとくぎり」と読みます。それらの影響で「ひとだんらく」と読む人が増えているのでしょう。

日本銀行

×にほんぎんこう
○にっぽんぎんこう

「日本」の読みは「にっぽん・にほん」両方あります。日本郵便・日本放送協会・日本ハム・全日本空輸・日本体育大学などは「にっぽん」、日本航空・日本生命・日本相撲協会・JR東日本・日本大学などは「にほん」です。

大化の改新のころ、「日本」は「ひのもと」でした。奈良時代には呉音の「にちほん」から「にっぽん」と音読されるようになりましたが、平安時代に生まれた平仮名には当初、促音「っ」や半濁音「ぽ」がなく、「にほん」という読みも生まれました。以後「にっぽん・にほん」は混在します。昭和9年、正式な呼称を「にっぽん」にしよう（ただし「日本書紀」と東京の「日本橋」は除く）という動きがありました。しかし決定されず、平成21年には、どちらも広く通用しているので統一する必要なし、と閣議決定されました。

同行二人

×どうこうふたり
○どうぎょうににん

四国巡礼のお遍路《へんろ》さんなどが、かぶる笠に書きつける言葉です。「同行」は信仰を同じくするという意味で、「二人」は本人と弘法大師（空海）。常に弘法大師と共にあるという意味の言葉です。この意味の場合は「どうこうふたり」とは読みません。

他人事

×たにんごと
○ひとごと

「他人《たにん》のこと」を意味する大和言葉は「ひとごと」です。昔は、これに「人事・他人事」などの漢字を当てていたのですが、「人事」では「じんじ」と紛らわしいため、「他人事」という書き方になりました。ところが、これを振り仮名なしで用いると、文字通り「たにんごと」と誤読する人が増え、新聞等では「他人事」や「たにんごと」という表記や読みを用いないこととし「人ごと・ひとごと」などと書くようになっています。「他人事」を「よそごと」と読む人もいますが、「よそごと」は「余所事」と書きます。

進捗

×しんしょう
○しんちょく

「仕事の進捗状況を報告する」などと使う「進捗」は「しんちょく」と読み「物事がはかどる」という意味です。「捗」は音読み「チョク」、訓読み「はかど（る）」。「事業が捗々《はかばか》しくない」など。「干渉」などの言葉から類推して「しんしょう」と読むのは誤りです。「捗」は平成22年度から常用漢字に加わりましたが、右の部分は「歩」の旧字体で、「歩」より1画少ないままです。ちなみに「渉」は当用漢字表（昭和21年告示）に入ったため、「歩」と同様に字形が新字体に変わっています。

度し難い

✕ たくしがたい

○ どしがたい

「度し難い」を理解し難いという意味だと思っている人もいるかもしれませんが、「救い難い」という意味です。「度し難い」の「度」は「済度《さいど》」の「度」で「渡す」という意味です。「済度」の「済」は「救済」の「済」で「救う」という意味です。「済度」とは仏教用語で、仏が迷い苦しんでいる人を救って、俗世から悟りの彼岸に渡すこと。転じて、苦しみや困難から救うことです。ここから「度し難い」は「救い難い」という意味になります。「縁なき衆《しゅ》生《じょう》は度し難し」ということわざは、仏縁のない者は救いようがないということから転じて、聞く耳を持たない人はどうしようもないということを意味しています。

免れる

○ まぬがれる

○ まぬかれる

「免れる」は「嫌なことや危ないことをしないで済む」という意味で、「死を免れる」「そしりを免れない」などと使います。本来は「まぬかれる」という読みでしたが、「まぬがれる」を使う人が増え、辞書や放送では「まぬがれる」が優勢になってきています。

「免れる」という大和言葉の語源については、諸説あるうち「間抜かれる」というものがあり、その説によれば「まぬかれる」が本来の読みだったというのも納得できます。

あり得る

△ ありえる

○ ありうる

「事故が起きることもあり得る」「それはあり得る話だ」などという「あり得る」。「起こる可能性がある」という意味です。本来の読みは「ありうる」ですが、否定形が「ありえない」であるために、「ありえる」と誤読する人が増えてきて慣用読みとなっています。否定形以外にも「そういうことはありうるでしょうか？」「ありえますね」などと言います。

依存

○ いそん

○ いぞん

「依存」とは他のものに頼ることです。「依存」の読みは「いそん」が伝統的な読み方ですが、実際には「いぞん」と読む人が大多数となっています。辞書は「いそん」を見出し語にしていても「いぞんとも読む」としているものが多くなっていて、新聞用語集では「いぞん」が優先されています。

平成22年、ＮＨＫは「いそん・いぞん」のうち、放送では「いぞん」を優先することに変更しました。「依存心・依存症・依存度」も同様です。同時に「共存・現存・残存・併存」も「〜ぞん」を優先、「既存」は「きそん・きぞん」のどちらも同等に認めるとしました。「依存」を「いぞん」と読んだ場合、「異存《いぞん》（はない）」との区別に注意が必要です。

一足飛び

× ひとあしとび
○ いっそくとび

「一足飛びの昇進」などと使う「一足飛び」。順序を踏まないで一気に飛び越えて進むことです。「一足」は「ひとあし」と読む場合もあります。「一足お先に」など。

豚汁

○ ぶたじる
○ とんじる

「とんかつ」を「ぶたかつ」、「豚丼《ぶたどん》」を「とんどん」と言う人は滅多にいませんが、「豚汁」に関しては「ぶたじる」か「とんじる」かで意見が分かれています。

北海道と西日本に「ぶたじる」派が多く、北海道をのぞく東日本に「とんじる」が多いという説もあります。多くの国語辞典では「ぶたじる・とんじる」どちらも見出し語になっていて、NHKは放送でどちらの発音を使ってもよいことになっています。

表立って肉を食べるようになったのは明治以降と言われ、江戸時代に肉料理は牡丹鍋《ぼたんなべ》(猪)・もみじ鍋(鹿)・桜鍋(馬)などの名がありました。肉食をはばかっての隠語だったのでしょう。

牛丼《ぎゅうどん》を「うしどん」とは言わないのは、直接「うし」と言うのをはばかる名残《なごり》かもしれません。「とんじる」派にも同様の理由があるとも考えられます。

甘味処

○　かんみどころ
○　あまみどころ

「甘味処（所）」とは、あんみつなど甘い和菓子を提供するお店のこと。「あまみどころ」が正しく「かんみどころ」は間違いという説がありますが、辞書ではどちらの読みも認めています。「処」を「ところ」と訓読みしているので、「甘味」も「あまみ」と訓読みするべきだという見方もあるでしょうが、「お食事処《しょくじどころ》」は「音読み＋訓読み」です。

味覚の一つである「甘味」は本来「かんみ」と読み、「甘味料《かんみりょう》」などと使われています。これに対して「あまみ」と言うときは「甘み」と書きます。このときの「み」は接尾辞なので、「甘味」と書いて「あまみ」と読ませるときは「味」は当て字です。なお、５つの味覚「甘味《かんみ》・酸味《さんみ》・塩味《えんみ》・苦味《にがみ》・旨味《うまみ》」のうち、後の２つの「味」は当て字です。

有体に言えば

×　ゆうたいにいえば
○　ありていにいえば

「有体に言えば、無駄な会議には出たくない」などと使います。「正直に言えば・本音を言えば」といった意味です。

「体」は音読みで「たい」と読むことが多いですが、「満足の体・風体・体裁・体のいい返事・体たらく」などの場合は「てい」と読みます。

発足

○はっそく
△ほっそく

「発足」は活動を始めることです。辞書にはどちらの読みも載っていますが、「ほっそく」と読む方が一般的でしょう。「発疹」は「はっしん・ほっしん」と両方ありますが、医療関係者は「ほっしん」と読むと言われています。

「発」を「はつ」と読むのは漢音で、「ほつ」と読むのは呉音です。一般に呉音は仏教関係の言葉や、漢音が入る前にあった古い言葉によく使われます。

現代では「発送・発行・発熱・発露」など「はつ」と読む方が圧倒的に多いのですが、「発端・発作・発願・発心・発起人」などは「ほつ」と読みます。

大舞台

○おおぶたい
△だいぶたい

「大舞台」は「晴れの舞台」「檜《ひのき》舞台」という意味で、本来の読みは「おおぶたい」でしたが、今はどちらの読みも使うことができます。

ただし歌舞伎などの古典芸能では「おおぶたい」のみで、「だいぶたい」は使いません。

「オリンピックは夢の大舞台だ」というような、スポーツなどの場合は「だいぶたい」を使うことが多い傾向にあります。「おおぶたい」と読んでも間違いではありません。

諸刃の剣

✕ もろはのやいば
〇 もろはのつるぎ

「諸刃」とは両辺に刃のついた剣のこと。そのような剣は相手を切ろうとして振り上げると、自分をも傷つける恐れがあります。そのことから、非常に役に立つものの、大きな害を与える危険があるもののたとえとなっていて、「原発は諸刃の剣だ」などと使います。

「諸刃」は「両刃」や「双刃」と書くこともあり、「諸手《もろて》を挙げる・諸肌《もろはだ》を脱ぐ」とともに両方の意味です。新聞等では、漢字を避けて「もろ刃の剣」と書きます。「剣」は「やいば」とは読みません。「刃」は「やいば」と読みますが、「諸刃の刃」では意味が重複します。

未曽有

✕ みぞうゆう
〇 みぞう

「未曽有」とは「今までに一度もなかった」という意味です。サンスクリット語で「奇跡」を意味する言葉が漢訳された仏教用語で、もともとは仏の功徳《くどく》の尊さなどを賛嘆した言葉でした。日本に入り「未《いま》だ曽《かつ》て有《あ》らず」と訓読され、初めは本来の良い意味で使われていましたが、鎌倉時代末期には、「未曽有の悪行《あくぎょう》」などと悪い意味でも用いられるようになりました。現代では「未曽有の事件・未曽有の大地震」などと、ネガティブな局面で使われることが多いようです。ちなみに「有」の呉音は「う」、漢音は「ゆう」です。

疾病

×しつびょう
○しっぺい

「三大疾病」「疾病予防センター」などに使われる「疾病」という言葉。「しつびょう」ではなく「しっぺい」と読みます。「病気」や「疾患」と同じような意味の言葉ですが、一般人が使うのは「病気」、医療関係者や生命保険会社が使うのが「疾病」や「疾患」というように自然と分かれているようです。「疾」も「病」も「やまい」ですが、東洋医学では「疾」がいわゆる病気、「病」は症状を指すことがあります。「病」の呉音は「びょう」、漢音は「へい」で、「病院・看病・疫病」など熟語は「びょう」と読む例がほとんどです。

境内

×きょうない
○けいだい

境界の内側、特に、神社や寺院の敷地内のことを「境内」と言います。読みは「けいだい」で、「きょうない」や「けいない」とは読みません。「境」という漢字は音読みが「きょう」と「けい」があり、「けい」は漢音です。「内」という漢字は音読みが「ない」と「だい」で、「だい」は漢音です。「境」を「けい」と読む言葉は「境内」くらいしかありません。ただ「境界」という言葉は「きょうかい・けいかい」両方の読みがあります。「内」を「だい」と読む言葉も少なく、「内裏《だいり》・入内《じゅだい》・参内《さんだい》・宇内《うだい》」などです。

母音・子音

△　ぼおん・しおん
○　ぼいん・しいん

「音」という漢字は呉音が「おん」、漢音が「いん」です。音のつく言葉は「音楽・音信・音響」など圧倒的に「おん」と読む場合が多く、「いん」と読むのは「母音・子音・玉音・福音」などです。

辞書には「母音・子音」の読みとして「ぼおん・しおん」も出ています。「ぼいん・しいん」が優勢ではあるものの、「ぼおん・しおん」も否定はしないという立場のようです。

玉音放送

△　ぎょくいんほうそう
○　ぎょくおんほうそう

「玉音」とは、玉のように清らかで美しい音や声という意味があり、天子の声を指す言葉です。昭和20年8月15日に昭和天皇の「大東亜戦争終結に関する詔書」がラジオを通じて流され、これが「玉音放送」と称されました。

戦前から戦後にかけては「ぎょくいん」が優勢だったようですが、現在はＮＨＫなどが放送で「ぎょくおん」と読むせいか「ぎょくおん」が優勢で、グーグル検索で「ぎょくいんほうそう」と打っても、検索候補に「玉音放送」が出ません。

美男子

△　びだんし
○　びなんし

「美男子」の本来の読みは「びなんし」です。「美男」という言葉がまずあり「美男＋子」で「びなんし」と読みます。なお「子」が付いていても子供という意味ではありません。

一方、「びだんし」という読みは、「男子《だんし》」という言葉がまずあって、「美＋男子」で「びだんし」と読むようになったと考えられます。現在は「びだんし」派が増えています。

「男」を「なん」と読むのは呉音、「だん」と読むのは漢音です。「美男美女」は「びなんびじょ」と読むのが正しく、「びだんびじょ」は誤りです。

老若男女

×　ろうじゃくだんじょ
○　ろうにゃくなんにょ

「老若男女」は老いも若きも男も女も、年齢・性別に関わらないすべての人々という意味です。「老」は呉音も漢音も「ろう」ですが、残りの漢字はすべて呉音で読みます。

一方「ろうじゃくだんじょ」という読みは漢音で読んだものです。「男女交際」は「だんじょこうさい」と読むので、それにならって読みたくなるかもしれませんが、誤りです。

同じ意味の四字熟語に「貴賤老若《きせんろうにゃく》（身分や年齢に関係なくすべての人たち）」「男女老幼《なんにょろうよう》（性別・年齢に関係なくすべての人たち）」などがあります。

遵守

× そんしゅ
○ じゅんしゅ

「遵守」とは規則や法律を守ることで、「道路交通法を遵守する」などと使います。「遵《じゅん》」は「従う」という意味で、「遵法《じゅんぽう》」という熟語もあります。「遵」は「順」に書き換えられることがあり、「順守《じゅんしゅ》」は同じ意味です。新聞では「順守」を使いますが、法律に関わる文章、公的な内容、ビジネスの契約書などでは「遵守」が使われます。

世論

○ せろん
○ よろん

昭和21年に漢字の数を制限するため当用漢字表が制定されました。それまでは「輿論」と書いて「よろん」と読み、「世論」と書いて「せろん」と読んでいました。「輿」は「神輿《みこし》」の「輿《こし》」から転じて「多くの人」という意味があります。「輿論」は多くの人々の議論に基づいた意見であり、「世論」は世の中の噂《うわさ》や風評という違いがありました。「輿」が当用漢字に入らなかったため、代わりに「世」を当てて「よろん」と読ませるようになりました。これについては今も異論があり、現在は「世論」と書いて「よろん・せろん」両方の読みが流通しています。新聞は「世論」と書き「よろん」と読みますが「せろん」も否定していません。NHKは「世論」と書き「よろん」と読むことにしています。

言葉の知識　漢字の音読みと訓読み

漢字は、今ではすっかり日本語の一部になっていますが、そもそも古代に中国から輸入された外国語です。輸入されたときの漢字の発音は現代の中国語（北京語《ペきんご》）とは異なる古代の発音で、それにもとづいて日本風に発音したものを「音読み」と言います。

今さかんに、英語に由来する言葉が外来語として日常生活で使われています。英語の発音そのままではなく、片仮名で表記することで日本風の発音になっていますが、「音読み」はそれと同様の現象です。

輸入された時期によって漢字の発音が異なっていたので、音読みにはいくつかの種類があります。たとえば「音」という字は「オン（呉音）・イン（漢音）」の2種類、「行」という字は「ギョウ（呉音）・コウ（漢音）・アン（唐音）」の3種類、「明」という字は「ミョウ（呉音）・メイ（漢音）・ミン（唐音）」の3種類といった具合です。（唐音は宋音とも言います）

音読みには、ほかに慣用音という読みもあります。おもに、間違った読みが定着したものとされています。

初めは、お経のようにダラダラ「音読み」するしかなかった漢字に対して、その漢字の意味に対応する大和言葉《やまとことば》を当てはめて読んだのが「訓読み」です。「訓」という漢字の訓読みは「よむ」で、詳しくは「説き教える」意味。「訓詁《くんこ》」つまり古い漢字を今の言葉で解釈することです。訓読みは、外国語だった漢字を大和言葉に翻訳するために開発された手法だったのです。

現在、「音」は「おと・ね」など、「行」は「い（く）・おこな（う）」など、「明」は「あ（かり）・あか（るい）・あ（ける）」などが訓読みとして辞書に載っています。

漢字階層図

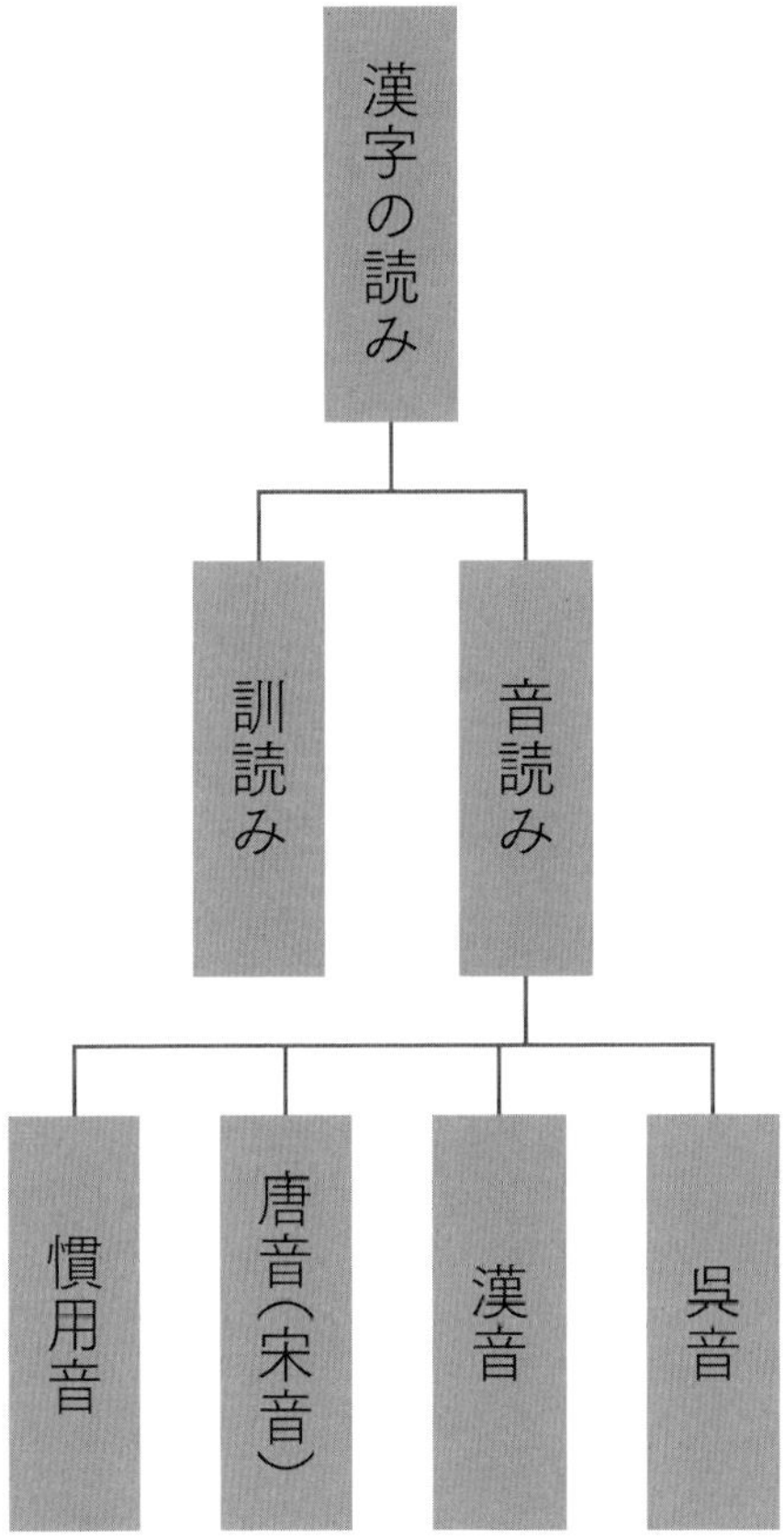

言葉の知識　音読みの種類

呉音《ごおん》

日本へ漢字が入って来たとき、仏教経典などで文字と一緒に入ってきたのは「呉音」です。呉とは五、六世紀ごろに中国南部、揚子江《ようすこう》下流域にあった地方の名前です。呉音は今でも仏教用語をはじめ歴史の古い言葉に多く使われています。

呉音の例…殺生（セッショウ）、修行（シュギョウ）、木魚（モクギョ）、正月（ショウガツ）、経文（キョウモン）、灯明（トウミョウ）、兄弟（キョウダイ）、明星（ミョウジョウ）

漢音《かんおん》

呉音の次に入って来たのは「漢音」です。八世紀ごろ唐《とう》の都・長安《ちょうあん》のあたりは漢中《かんちゅう》地方と呼ばれており、呉音の故郷より北の地方です。その地方の発音が「漢音」で、奈良時代から平安時代にかけて遣隋使や遣唐使が日本へ伝えました。平安時代以降「漢語は漢音で」と奨励され、この流れは幕末から明治の中ごろ、特に強まりました。

漢音の例…急行（キュウコウ）、行動（コウドウ）、明星（メイセイ）、兄弟（ケイテイ）、境内（ケイダイ）、言語（ゴンゴ）、月光（ゲッコウ）、食堂（ショクドウ）、自然（シゼン）

唐音《とうおん》（宋音《そうおん》）

鎌倉時代以降に禅宗を通じて入って来たのが「唐音（宋音）」です。当時の中国本土のことを唐土《とうど》（もろこし）と言ったことに由来します。

唐音の例…行脚（アンギャ）、椅子（イス）、和尚（オショウ）、西瓜（スイカ）、清（シン）、炭団（タドン）、暖簾（ノレン）、蒲団（フトン）、饅頭（マンジュウ）

慣用音

「慣用音」は音読みながら呉音・漢音・唐音（宋音）に含まれないものを言います。誤読などが慣例化したもののほか、「茶（チャ）」の読みなども含まれます。茶は呉音では「ダ」、漢音では「タ」、唐音では「サ」です。

慣用音の例…雑誌の雑（本来はゾウをザツ）、消耗の耗（本来はコウをモウ）、情緒の緒（本来はショをチョ）、輸出の輸（本来はシュをユ）、立案の立（本来はリュウをリツ）

言葉の知識　「重箱読み」と「湯桶読み」

漢字は中国から伝来したものなので、漢字熟語の読み方は「音読み＋音読み」が基本でした。その後、中国語を日本語に翻訳した訓読みが編み出され、「訓読み＋訓読み」もできるようになりました。（ここでは音読みは片仮名で、訓読みは平仮名で表記します）。

「音＋音」の例…山道（サン・ドウ）、鉛筆（エン・ピツ）、天気（テン・キ）
「訓＋訓」の例…山道（やま・みち）、花束（はな・たば）、青空（あお・ぞら）

熟語の読みは、これ以外に重箱読みと湯桶読みがあります。
重箱読みとは「ジュウ（音）＋ばこ（訓）」の「音＋訓」の読み方、湯桶読みとは「ゆ（訓）＋とう（音）」の「訓＋音」の読み方です。これらは、中国語と大和言葉が混じった、いわゆるハイブリッド、混種語です。

重箱読みの例…半年（ハン＋とし）、仕事（シ＋ごと）、団子（ダン＋ご）
湯桶読みの例…合図（あい＋ズ）、雨具（あま＋グ）、場所（ば＋ショ）

原則として規範的な読み方ではなく、変則的な読み方とされていますが、重箱読み（湯桶読み）だから間違いということはありません。

右の例では「しじ（仕事）」「ウグ（雨具）」と聞いても意味が分かりませんが「しごと」「あまぐ」なら分かります。重箱読み、湯桶読みは、日本人が漢字の熟語を耳で聞いた時に分かりやすくするために発生したと言われています。たとえば「化学」を「科学」と区別するために「ばけがく」と湯桶読みしたり、「私立」と「市立」と区別するために「わたくしりつ」「いちりつ」と湯桶読みすることがあり、辞書にも出ています。このように、便宜のため新たに発生する読み方もあるわけです。

湯桶読みの「湯桶《ゆとう》」とは風呂で使う手桶《ておけ》ではなく、漆塗《うるしぬ》りの湯などを入れる木製の器。お蕎麦《そば》屋《や》さんで蕎麦湯が入って出てくるものをイメージすれば分かりやすいでしょう。面白いことに、「ゆ（訓）＋おけ（訓）」と読めば手桶を意味します。

湯桶と言い、重箱と言い、むかし名付けた人は身近な道具を例に出してと思ったのかもしれませんが、今では、どちらも珍しいものになってしまいました。

読み間違いが定着した例

第3章では、誤読が「慣用読み」として認められつつあるものの、本来の読みと混在しているものをいくつか取り上げました（代替・早急・出生など）。しかし年月を経て、そうした慣用読みの方が一般的になり、本来の読みが忘れ去られた例もあります。

〈慣用読み／本来の読み方〉

●情緒（じょうちょ／じょうしょ）
●箝口令（かんこうれい／けんこうれい）
●撒布（さんぷ／さっぷ）
●刺客（しかく／せっかく）
●消耗（しょうもう／しょうこう）
●杜撰（ずさん／ずざん）
●捏造（ねつぞう／でつぞう）
●必須（ひっす／ひっしゅ）
●稟議（りんぎ／ひんぎ）
●独擅場（どくせんじょう）→独壇場（どくだんじょう）※「擅→壇」と誤記
●攪拌（かくはん／こうはん）
●甘蔗（かんしょ／かんしゃ）
●詩歌（しいか／しか）
●煮沸（しゃふつ／しょふつ）
●出納（すいとう／しゅつのう）
●堪能（たんのう／かんのう）
●貪欲（どんよく／たんよく）
●輸出（ゆしゅつ／しゅしゅつ）
●漏洩（ろうえい／ろうせつ）

第4章

正しい書き方

○成功の確率が高い
×成功の確立が高い

書き間違いや誤変換の非常に多い言葉です。「確率」はある事象の起こる可能性の度合い。「確立」は制度や思想などを打ち立てること。

意味は明らかに違うのですが、漢字変換で最初に出た方を選んでしまう人も多いのかもしれません。「立」と「率」の読みが同じ「りつ」、なべぶたから書き始めるなどの共通点から間違いに気づきにくいのでしょう。

○意外に背が高い
×以外に背が高い

「いがいに背が高い」「事件はいがいな展開を見せた」などと言う場合の「いがい」の意味は「心に思うことや予想と違うこと」で「意外に」と書きますが、同音異義語の「以外に」と誤記する人が多く見受けられます。

「以外」は「自分の家族以外とは接することがない」「食べること以外、楽しみがない」など、「ある物事を除いて」と言う意味。「○○以外」と何らかの言葉に接続して使い、文頭に来ることはありません。「以外性のある企画」「以外とお得」などと書き出しそうになったときは注意してください。

パソコンで文章を打つ場合、「以外に・意外に」ともに使用頻度が高く、変換候補で上位に来るため、間違いやすい二語です。

○身入りのいい仕事
×実入りのいい仕事

「実入り」の意味は穀物が実を結ぶこと。そこから転じて、収入や収益という意味に使われている慣用句です。

これを「身入り」と書いてしまうのは、お金が自分の懐に入ってくる具体的なイメージを持っているからでしょう。「身銭を切る」という慣用句は自分のお金で払う、自腹を切るという意味。「実が入る」より「身に入る」方が実感が湧くのかもしれません。

○やもうえない
×やむをえない

「やむをえない」を漢字で書くと「止むを得ない・已むを得ない」で、「やめることができない」転じて「しかたがない」という意味。「やむをえない事情で欠席する」などと使います。

「やむをえない」はよく間違われる言葉で、間違いのバリエーションも多岐にわたっています。「やもうえない」「やむ　おえない」をはじめ「やむをおえない・やむえない・やもうをえない・やもおえない・やもえない」など。さらに漢字を「やむ終えない・やむ負えない・やむ追えない」などと当てるケースもあります。

発音するとき「やむを」は言いづらく「やもう」となりがちですので、耳から覚えると「やもうえない」だと思ってしまうのでしょう。

○気を遣う
△気を使う

「つかう」という大和言葉《やまとことば》を漢字で書く場合、一般的には「使う」と書きます。「遣」は「遣唐使《けんとうし》・派遣」というように、本来は「(人などを) つかわす・やる」という意味です。

しかし「気遣《きづか》い・金遣《かねづか》い・言葉遣《ことばづか》い」というように、慣用的に「遣」を当てる言葉が多々あります。今は「遣」に「つかう」という訓が認められていますが、認められていなかった時代もあり、その場合は「気づかい」などと仮名書きされることもありました。

新聞用字用語集では「〇〇をつかう」という動詞には「使」を使い、「遣」は特別用語として「〇〇づかい」という形の名詞に使用するが、「人使い」「魔法使い」などは慣用として「使」を使用、紛らわしいときは仮名書きに、という原則を立てています。

「気を遣う」は間違いではありませんが、公的な出版物、放送などは「気を使う」とするのが妥当でしょう。

○家宝《かほう》は寝て待て
×果報《かほう》は寝て待て

やるべきことを力を尽くしてやったのなら、その結果は自分でコントロールできることではないので、慌てず騒がず待っていればよい、寝て待つくらいでちょうどよいという意味のことわざです。「果報」は仏教語で、前世での行為によって受ける現世での報い。「家宝」と書いてしまうのは、耳から聞いて音だけで覚えたのでしょう。

○こんにちは
×こんにちわ

現代仮名遣いでは、一般にワと発音する「は」は「わ」と書きますが、助詞の「は」だけは「は」と書きます。「これは本です」の「は」はワと発音しますが、助詞なので「は」と書きます。

「こんにちは」は「今日は良いお日和《ひより》で…」などと続く挨拶の後半が省略されたものです。「こんにちは」の「は」は助詞ですから「わ」ではなく「は」と書きます。「こんばんは」も「今晩は穏やかな夜で…」などの省略形なので「は」です。

将来「こんにちわ」が認められる時代がくるかもしれませんが、現時点では間違いです。

○書きづらい
×書きずらい

現代仮名遣いで、旧仮名遣いの「ぢ、づ」は「じ、ず」と書くことになっています。

ただし例外があり、２語の連合によって生じた「ぢ、づ」と、同音の連呼によって生じた「ぢ、づ」は元のままとすることに決められました。「書きづらい」は「書く」＋「つらい（辛い）」の連合なので「書きづらい」となります。「はなぢ（鼻血）」は「はな（鼻）」＋「ち（血）」の連合なので「はなぢ」となります。

同音の連呼については次項で言及します。

○つくずく考える ×つくづく考える

旧仮名遣いの「ぢ、づ」は「じ、ず」と書くことになっていますが、同音の連呼によって生じた「ぢ、づ」は元のままとすることに決められました。たとえば「ちぢむ（縮む）」「つづく（続く）」は「ちじむ」「つずく」とは書きません。「つくづく」は語源的には「尽く尽く」で、同音の連呼とみなされ、「つくづく」と書くのが妥当ということになっています。同じ考え方で「つれづれ（徒然。語源的には連れ連れ）」も「つれずれ」とは書きません。

○君の言うとうりだ ×君の言うとおりだ

「とうり」でも「とおり」でも、今の時代、発音は同じに聞こえます。しかし、この場合、漢字では「通り」なので「とおり」と書きます。昔「通り」は「とほり」と書きました。歴史的仮名遣いでオと発音される「ほ」は、現代仮名遣いでは「お」と書きます。「かほ→かお（顔）」、「こほり→こおり（氷）」、「おほきい→おおきい（大きい）」など。ほかに「お」を用いる言葉には「多い・狼・公・概ね・仰せ・凍る・こおろぎ・滞る・遠い・頬・炎・催す・逃げ遂せる」などがあります。

「う」か「お」か、まぎらわしいですが、これを知らないと、パソコンの漢字変換で正しい漢字が出せません。よく使われるものだけでも覚えるのがいいでしょう。

○△　ご存知ですか／ご存じですか

「ごぞんじですか」は「知っていますか」の尊敬語です。「ごぞんじ」は尊敬の意の接頭語「ご」＋「存ずる」の連用形「存じ」です。この「じ」を「知」とするのは当て字だと言われ、誤りとする説もあります。当て字だとすれば、似た意味の「承知」から類推して当てられたのではないかと考えられます。

　ただ、古語に「知っていること」という意味の「存知（ぞんち・ぞんぢ）」という言葉があり、これを語源とするなら「ご存知ですか」もあながち誤りとも言えません。その場合、仮名書きすると「ごぞんぢですか」となります。

　新聞やＮＨＫなどは「ご存知」は使わず、「ご存じ」と統一することに決められています。

○×　完璧／完壁

「璧（へき・たま）」とは円形で平たく、中央に丸い穴のある宝玉で、それに傷がないものを「完璧（かんぺき）」と言います。転じて、まったく欠点がないことを意味する故事成語です。司馬遷の「史記」に、藺相如《りんしょうじょ》が秦の昭王から命がけで取り返したという故事があり、それに由来します。

「璧」の下の部分の「玉」を「土」にして「壁（へき・かべ）」と書くのは誤りです。もとになった故事を知ることで、誤字が修正されるのではないでしょうか。

○喝を入れる
×活を入れる

「沈滞ムードにカツを入れる」「あいつ、この頃元気がないな。ひとつカツを入れてやろう」などと言うときの「カツ」を漢字では「活」と書きます。「活を入れる」とは、柔道などで、気絶した人を蘇生させること。そこから転じて、刺激を与えて、気力を起こさせることを言います。

一方の「喝」は、「喝采」「一喝」「恫喝」というように、大声を出すこと。また大声で叱ったり、おどしたりすること。特に、禅宗における「カーッ！」という励ましの声のことを「喝」と言います。「喝と叫ぶ」とは言いますが、「喝を入れる」とは言いません。

○列記とした
×歴とした

「れっきとした証拠」などという場合の「れっきとした」は、「立派な、確かな、由緒ある」という意味で、漢字で書くと「歴とした」です。「歴」は歴史の歴ですが、順々に通っていく、代々にわたるなどのほかに「はっきりしている」という意味があります。この「れき」を強調して「れっきとした」と発音するのです。「違いは歴然だ」や「お歴々が揃っている」も同じ意味。「お歴々」は由緒ある家柄の、地位の高い人という意味です。

「列記」という言葉もありますが、意味は「並べて書き記す」こと。「列記した注意事項を読んでください」などと使います。「列記とした○○」とは言いません。

× アンケートに解答する
○ アンケートに回答する

同音異義語でも意味が微妙に近いものは迷いがちですね。こういうときは原点に戻りましょう。漢字のルーツは中国語。「回」「解」は日本では同じく「カイ」と発音しますが、現在の中国語（北京語）だと「回・ホェイ」「解・ジエ」というように、まったく違う音。もともとの意味も異なります。

「回」は水がうずまく形からできていて、「回帰」や「巡回」などというように「めぐる、かえる」という意味。

「解」は刀で牛の角を切り離す形で、「分解」「解凍」などというように「バラバラにする、ゆるめる」といった意味があります。

したがって、答えを返す意味合いが強く、「返事」と言い換えることもできるような場合は「回答」ですし、問題を解いて答えを導き出すという意味合いの時は「解答」です。

× 一同に会する
○ 一堂《いちどう》に会《かい》する

「一堂」とは一つの堂つまり同じ建物や部屋。「一堂に会する」は一つの場所で複数の関係者が会うということを意味します。「各国首脳が一堂に会する」などと使います。

「一同」は「有志一同」のように仲間みんなという意味です。

○剣もほろろ ×けんもほろろ

「けんもほろろ」とは人の頼みを取り付く島もなく無愛想に断るさま。「交際を申し込んだら、けんもほろろに断られた」などと使います。「けん」はキジの鳴き声「ケーン」に「つっけんどん（突っ慳貪）」や「けんつく（剣突）」の意味をかけたもの、「ほろろ」はキジが羽ばたくときの羽音《はおと》と考えられています。

「剣がホロホロと刃こぼれする」ので「剣もほろろ」と書くという説は、ありそうですが間違いです。

○機械を制作する ×機械を製作する

「制作」と「製作」は、どちらも「作る」という意味です。「製作」は、おもに具体的で実用的なモノづくりに使われます。それに対し、「制作」は「美術品の制作」というように、芸術的な作品などをつくる時に使われます。映画の場合は、実際の作品作りは「制作」、お金を出す人や映画会社は「製作」と区別されています。

「制」という漢字は、木の枝を切り揃え、角材や板などに作ること、「製」は「制」に「衣」がついた文字で、布を切り揃え、衣服を作ることを意味する漢字。「製」は「製造」「日本製」など具体的な物を作ることに関して使われるのに対し、「制」の方は「制度」「封建制」などというように、システムを作り定める意味におもに使われています。

○議長を努める ×議長を務める

「つとめる」という大和言葉は、困難に耐え、役目を果たそうと一生懸命に力を尽くすという意味です。これにどの漢字を当てるかは、文脈によって違います。

「務める」は、「任務」というように、役目に当たるという意味の場合に使います。「議長を務める」「そんな大役、私には務まりそうもない」など。

「努める」は、「努力」というように、力を尽くして行う場合に使います。「解決に努める」「努めて早起きする」など。

「勤める」は、「勤労」というように、仕えるという意味の場合に使います。「会社に勤める」「本堂でお勤めをする」など。

迷った場合は「つとめる」を「努力する」「役目を行う」「勤務する」などと、別の言葉に置き換えてみるとわかりやすくなります。

他に「勉める」という書き方もあって、「努める」と同じように使われます。

○下熱剤 ×解熱剤《げねつざい》

高熱を下げるために飲む薬ですので「下熱剤」の方がふさわしいような気もしますが、正しくは「解熱剤」です。ここの「解」の意味は、漢方薬に「〜散」という名前があるように「ちらす（散）」です。散り散りになって消えるので「解毒」は「毒消し」です。

○温かい部屋で暖かいスープを飲んだ
×暖かい部屋で温かいスープを飲んだ

「暖かい」の反対語は「寒い（または涼しい）」、「温かい」の反対語は「冷たい」です。「あたたかい部屋」の反対は「寒い部屋」ですから、「暖かい部屋」となります。「あたたかいスープ」の反対は「冷たいスープ」ですから、「温かいスープ」となります。

「懐があたたかい」は「懐が寒い」の反対なので「懐が暖かい」、「あたたかい色・寒色」という言葉があるので「暖かい色合い」。「あたたかい色合い」は「暖かい心」の反対は「冷たい心」なので「温かい心」となりますが、「暖かい心」もよく見かけますし、あながち間違いだとはいえないでしょう。

「あたたかい」の温度がさらに上がると「あつい」になります。この場合、漢字で書くと「暖かい→暑い」「温かい→熱い」になります。「暑い」か「熱い」か迷った時も、反対が「寒い」なのか「冷たい」なのかを考えればよいでしょう。

○掻き入れ時
×書き入れ時

商売が繁盛《はんじょう》して帳簿《ちょうぼ》に儲《もう》けを書き入れるのに忙しいことから、商売が最も繁盛する時期のことを言います。「年末は蕎麦屋《そばや》の書き入れ時だ」など。

「かきいれどき」と仮名表記することが多いため、利益を熊手《くまで》で掻き入れるイメージから「掻き入れ時」だと思っている人も多いようですが、誤りです。

○×連帯保障人
連帯保証人

「保証」は、人やモノについて大丈夫と「うけあう」こと。何かあったら責任を肩代わりするという法的に重い意味もあります。「彼のことは私が保証します」「この製品には保証書がついている」などと使います。

「保障」は、権利・自由・安全などを城や砦のように「まもる」こと。「障」は障子の障で、ついたての意味があります。「警備保障会社」「安全保障条約」などと使います。

ほかに「補償」という書き方もあります。文字通り「おぎない、つぐなう」こと。「損害を補償する」「保険の補償内容はどうなっていますか」などと使います。

「保証・保障・補償」は、非常に間違いやすい同音異義語です。

○×話しが合わない
話が合わない

「話す」という動詞の場合には「話す・話した・話さない・話せば」などと送り仮名が付きます。「話」が名詞として使われるときには、送り仮名を付けません。

ただし「話し合い」「話し相手」など複合語の場合は、「話し」が動詞として機能しているため、送り仮名が付きます。「話合い」「話相手」とはなりません。

「話が合わない」の「が」を取って「話合わない」と言う場合は「話し合わない」とせず、「話、合わない」と読点を打った方がいいでしょう。

×充二分に楽しんだ
○十二分に楽しんだ

「じゅうぶん」の本来の形は「十分」で、新聞などでは基本的に「十分」と書くように統一されています。「十」という漢字には、単独で「完全、じゅうぶん」の意味があります。

「充分」は日本で作られた熟語で、「充実・充足」などからの類推でできたのだろうと言われています。「充分楽しんだ」など、精神的に満たされているときには「充分」を使うという人もいます。また「充分」には長所があります。「十分煮る・十分休憩する」とあったときに、「じゅうぶん」なのか、時間の「10分（じっぷん）」なのか、まぎらわしいですが、「充分煮る・充分休憩する」とあれば、だれも「10分」だとは思わないからです。

「十二分に」は「十分以上に」ということなので、「充二分に」とは書きません。

×社交辞礼
○社《しゃ》交《こう》辞《じ》令《れい》

「社交辞令」とは、つきあいをうまく進めるための儀礼的なほめ言葉やあいさつで、「外交辞令」とも言います。「彼はよく、今度飲みに行きましょうなんて言うが、社交辞令に違いない」などと使います。

「辞令」は、役職などの任免の際、本人に渡す文書のことなので、「社交辞礼」の方が正しいのでは？　と思いがちですが、人と応対するときの礼儀正しい言葉遣いも「辞令」と言います。「令」は「うやうやしい容貌」の意味です。

○茶の湯の席の懐石料理 ×茶の湯の席の会席料理

どちらも「かいせきりょうり」と読みますが、意味は異なります。

「懐石料理」は「懐石」にいわれがあります。旅の禅僧がやってきたが、迎えた禅僧はもてなすものが何もないので、自分の懐で石を温め、それを旅の禅僧に与えたところ、とても喜んでくれたという物語があります。つまり懐石とは心のもてなしだ、というたとえ話。この流れを汲んで、茶の湯の席で抹茶をおいしく飲むための食事が、本来の「懐石料理」です。ご飯と一汁三菜の簡素なものが基本で、量は少ないのですが、材料は格別に吟味されたものが多いのが特徴です。

「会席料理」は、江戸時代に俳諧や連歌を楽しむ会が終わった後にとり行われる酒宴で出された料理。まず酒の肴《さかな》が出され、次に刺身、吸い物、煮物、焼き物と続き、最後にご飯と汁が出されます。現在では日本料理の主流となっています。

○如何ともし難い ×遺憾ともし難い

「いかんともしがたい」は、「何も解決する手段がない」といった意味の堅苦しい言い方です。「如何《いかん》」は「いかに」の音変化で、「今さら如何ともし難い」など、対応に困った状況を言い表す際などに用いられます。これを「遺憾ともし難い」と書くのは誤りです。「遺憾《いかん》」とは、「遺憾の意を表する」などというように、残念に思うことの堅苦しい表現です。

○映画観賞
○映画鑑賞

「趣味は映画かんしょうです」と書くとき、「観賞・鑑賞」どちらを書くかで、意味が少し変わってきます。「観賞」は、ながめて楽しむ場合に用います。「草花を観賞する・名月を観賞する・観賞魚」など。「観」は「観光・観測」などと言うように「見る」ことが重視されます。「賞」は誉め、愛で、楽しむという意味です。

「鑑賞」は、絵画や能楽など、おもに人為の加わった芸術作品を味わい、理解するような場合に用います。「鑑」には良い悪いを見分けるという意味があります。

映画かんしょうの場合は、「観賞」でも「鑑賞」でも間違いではありません。ながめて楽しむニュアンスが強ければ「映画観賞」、よしあしを見分ける気持ちが強ければ「映画鑑賞」です。見る人の態度によって使い分ければよいでしょう。

新聞などでは「映画観賞」がよく用いられます。

○新規巻き直し
×新規蒔《ま》き直し

元に戻って、もう一度新しくやり直すことを「新規蒔き直し」と言います。「蒔く」は種をまくことで、「蒔き直し」は畑にもう一度種をまくことです。「蒔」という漢字が常用漢字に入っていないため、「新規まき直し」と書かれることもありますが、「巻き直し」は間違いです。「撒き直し」は水などを撒くことなので、これも誤りです。

×母の弟は伯父
○母の弟は叔父

どちらも「おじ」と読みますが、「伯父」は父母の兄のこと、「叔父」は父母の弟のことです。これは、昔の中国で兄弟を上から順に「伯《はく》・仲《ちゅう》・叔《しゅく》・季《き》」と呼んだことにルーツがあります。長兄が「伯」、次兄が「仲」という具合で、日本の「太郎・次郎・三郎…」のようなものです。優劣をつけがたい意味の「実力伯仲《じつりょくはくちゅう》」などの言葉もここから来ています。

「おば」の場合も、「伯母」は父母の姉のこと、「叔母」は父母の妹のことをさします。

「小父さん、小母さん」という書き方もありますが、「近所のおじさん、隣のおばさん」のように親戚ではない場合で、普通はかな書きします。

×夏期休業
○夏季休業

夏休みの正式名称は「夏季休業」です。「夏期」の期は、期間の期。「夏期」は夏の中の一定期間のことです。「夏季」の季は、季節の季。「夏季」には、暑い夏の季節ならではというニュアンスがこめられています。「冬期」「冬季」も同じ理屈です。「季」が使われるのは、夏季花火大会、夏季水泳大会、冬季オリンピックなど。その季節ならでは、というニュアンスがこめられています。それに対し、慣例として「期」が使われるのは、塾などの「夏期講習、冬期講習」。暑いから、寒いからとは関係なく、たまたま夏の期間、冬の期間というだけです。学校の夏休みは正式には「夏季休業」。暑い夏だから休みになるわけです。

○△ 適確な判断 的確な判断

「的確」は「的《まと》をはずさず、間違いがない」という意味です。「意図を的確に伝える」「的確なアドバイス」などと使います。多くの辞書では「適確」も載せています。「的確」が江戸幕府の正学とされた朱子学の祖・朱子の文章に見える言葉であるのに対し、「適確」は戦後の地方自治法の中に見られる法律用語です。「適確」は「適正確実」や「適切確実」を略した形だとされ、「的確」とは意味合いも少し違います。

新聞などでは「適確」は「的確」に統一するルールです。また、資格に適《かな》っているという意味の「適格」と「的確」との混同もあり、気を付けなければなりません。

○× 肝に命ずる 肝《きも》に銘《めい》ずる

あることを心に深く刻み付けて忘れないようにすることを「肝に銘ずる」と言います。「このことを肝に銘じ、二度と同じ失敗を繰り返さないよう気を付けます」などと言います。「肝《きも》」は「肝心かなめ」という言葉があるように、体の根幹をなし人間の心や魂が宿る場所と考えられていました。「肝が据《す》わる」「肝いり」などの慣用句もあります。

「銘」とは深く刻み付ける意味。「銘を刻む・座右《ざゆう》の銘」などと使われる漢字です。

これに対して、「肝に命ずる」だと、自分の肝に向かって命令する意味になってしまいます。

○乗るか反るか　×伸るか反るか

「のるかそるかの大勝負」という表現はよく耳にします。成功するか失敗するか、運を天に任せて勝負、冒険するという意味の慣用句。「一《いち》か八《ばち》か」と同じ意味です。つい「乗るか反るか」と書いてしまいそうになりますが、気をつけましょう。

昔、まっすぐ飛ぶ矢を作るのに、型に入れて竹の反《そ》りを直しました。しかし、竹がまっすぐ伸びているか、反り返ったままか、つまり成功か失敗かは、型から出して見るまでわかりません。これが「伸るか反るか」の語源なのです。「乗るか反るか」では意味不明です。

○この期に及んで　×この後に及んで

どちらも読みは「このごにおよんで」ですが、「今さら」や「今となっては」という意味の慣用句としては「後」ではなく「期」と書きます。「この期」とは、今というこの大事な時という意味で、「この期に及んでじたばたするな」などと使います。

「期」の音読みには「き（漢音）」と「ご（呉音）」があり、「ご」と読む言葉には「一期一会《いちごいちえ》」「最期《さいご》」などがあります。ともに仏教語由来の言葉です。

「この場に及んで」という言い方も耳にしますが、慣用句としては誤りです。

また「この機に体制を整えよう」などという場合の「機」は「機会」という意味なので、「期」とは書きません。

○規則に則る　×規則に乗っ取る

「のっとる」とは「のりとる」の音変化で、「則る・法る」と書きます。規準・規範に従うという意味で、「伝統に則った儀式」や「法に則って裁く」などと用いる言葉です。「則・法」は常用漢字としては音読みしか認められていないため、新聞等では「のっとる」とかな書きにします。

「乗っ取る」も「のりとる」の音変化ですが、「攻め入って自分のものとする」という意味で、「〜に乗っ取る」とは言わず「〜を乗っ取る」などと使う言葉です。

○伸び伸び育つ　×延び延び育つ

「のびる」という大和言葉は、長くなる、広がるという意味ですが、「子供がのびのび育つ」は「伸び伸び」、「返事がのびのびになる」は「延び延び」と書きます。また、「足を伸ばす」はくつろぐこと、「足を延ばす」は遠くまで行くことです。

「伸」と当てるのは、「草木が伸びる・才能が伸びる・羽を伸ばす・ラーメンが伸びる」などで、「縮む」の反対の場合です。

これに対し、「延」と当てるのは「期日が延びる・出発を延ばす・地下鉄が延びる・延べ日数」など、延期、延長と言い換えられるものです。

その他、紛らわしいものは、新聞等では「のびる」と平仮名で書くことになっています。

○喜びも一入《ひとしお》
×喜びも一塩

「一入」とは、程度が一段と増すこと。「いっそう・ひときわ」という意味です。単に「成功して喜びも一入だ」と言うのではなく、「何度も失敗を繰り返した上での成功なので、喜びも一入だ」などと使います。

「一入」は染め物を染め汁の中に1回つけること。2回つけることは「再入《ふたしお》」で、回数が増えるごとに「八入《やしお》・百入《ももしお》・千入《ちしお》」などと言い、色は濃くなります。「入」という漢字は、染め汁に「入れる」ことからの「しお（しほ）」に対する当て字です。

「一塩」も「ひとしお」と読みますが、料理で「さっと塩を振る」ときに使います。

○精根尽き果てた
×精魂尽き果てた

「老々介護で、精根《せいこん》尽き果てた」などと言いますが、「精根」は精力と根気を意味していて、心身ともに疲れ果てた状態です。「精も根も尽き果てる」とも言います。「尽き果てる」を「枯れ果てる・疲れ果てる」などとするのは誤りです。

同じ読みで「精魂」という言葉もあり「たましい・精神」のことですが、「精魂を込めた仕事」のように使います。

×義損金
○義捐金

「義捐金」とは災害で被害を受けた人への寄付金です。「捐」の月は日月の月ではなく「肉づき」。「捐」は骨付きの余り肉を捨てることで、「捨てる・寄付する」という意味の漢字です。戦後、当用漢字それに続く常用漢字に「捐」の文字が入らず、「義えん金」と書く場合もありました。現在、新聞などは「義援金」と書き換えすることに統一されています。「援＝たすける」なので、ニュアンスは継承されています。「捐」が「損《そん》」になった「義損金」や「儀損金」という表記を見ることがありますが、「損金」はあっても義損金はありません。「損」の「貝」は古代においてお金を意味し、「損」はお金を減らす意味です。

×女王陸下
○女王陛下

天皇陛下、女王陛下などの「陛下《へいか》」は最上級の敬称です。「陛」は「陸」や「階」と似ていて注意が必要です。「陛」は小学校6年で習う教育漢字で、音読み「へい」、訓読み「きざはし」、意味は「宮殿の階段」。その下が「陛下」なのです。古代から、高貴な人に直接話しかけることは失礼に当たるとされ、「陛」の下にいるお付きの人に呼びかけ、その人が高貴な人に伝えていました。「陛下」という呼びかけが敬称になったわけで、これは秦の始皇帝の頃から使われています。「殿下《でんか》・閣下《かっか》」も同様です。「殿《でん》」はごてん、「閣《かく》」はたかどの。その下にいるお付きの人に呼びかける形を取ることで敬意を表しているわけです。

○徴妙な問題だ
×微妙な問題だ

「びみょう」を「微妙」と書くべきところ、「徴妙」と書き誤る例がインターネットなどで見つかります。また「特徴」を「特微」と書き誤る例もあります。パソコン入力では「びみょう」と打って「徴妙」、「とくちょう」と打って「特微」と出ることはあり得ないので、手書きの誤字をそのまま入力したのでしょう。

確かに「微」と「徴」は似ています。分解すると「ぎょうにんべん、山」と書いて、その次が「兀《こつ》」か「王《おう》」かです。「おう（王）」と書けば「ちょう（徴）」と覚えましょう。

○履暦書
×履歴書

「りれきしょ」は正しくは「履歴書」ですが、「歴」が「暦」になっている誤字があります。「暦」は音読みが「歴」と同じ「れき」、訓読みは「こよみ」です。

また「履歴」の「履」が「覆」になっている誤字もあります。「履」は「草履《ぞうり》」の「履」で、はきもののこと。足で踏んで歩くという意味もあります。「覆」は音読み「ふく」、訓読み「おお（う）・くつがえ（す）」で、文字の成分として「復」が「履」と共通しているだけで、全くの別字です。

「履歴書」はその人が歩んできた歴史。コンピューター関係では「通信履歴」「更新履歴」という言葉がよく使われます。

○×

明日に紅顔ありて、夕べには白骨となる
朝に紅顔ありて、夕べには白骨となる

「あしたにこうがんありて、ゆうべにははっこつとなる」と読みます。「あした」は古語で「朝」のことなので、「明日」と書くのは誤りです。朝は紅顔の美少年が、夕方には死んで白骨になるということから、人の生死はいつどうなるか分からないということ。

「朝に紅顔ありて、夕べは白骨となると言うじゃないか。何があるか分からないのだから、常に死を意識しておくべきだ」などと使われ、仏教の無常観を表しています。

　平安時代の歌人・藤原義孝の詠んだものを、室町時代の本願寺中興の祖・蓮如《れんにょ》が「御文《ごぶん》章《しょう》（御文《おふみ》とも）」に引用し、浄土真宗の葬儀のときに読まれて世の中に広がりました。日本で生まれたことわざで、現代でも生き続けている最も古いもののひとつです。

○×

国敗れて山河あり
国《くに》破《やぶ》れて山河《さんが》あり

中国唐代の詩人・杜甫《とほ》の詩「春望《しゅんぼう》」の冒頭の句は「国破れて山河あり。城春《しろはる》にして草木《そうもく》深し」です。戦乱で都が破壊されても、山も川も昔のままに自然の姿を残しているという意味です。戦争で負けたにしろ、「敗《やぶ》れて」は誤りです。

また「台風一過の青空を見ると、国破れて山河ありという気持ちになる」などと、自然災害による荒廃に使うのは誤りです。

○× 粉骨砕心
粉骨砕身《ふんこつさいしん》

「粉骨砕身」は「力の限り励む」という意味の四字熟語です。「粉骨」は骨が砕けるほど努力することで、「砕身」は身を砕くほど苦労すること。

同じ読みの「砕心」は「心を砕く」という意味で、気遣う、苦心する、心配するなどの意味がありますが、ここでは使いません。

「粉骨砕身」は仏教に由来する言葉で、中国古代の『禅林類纂《ぜんりんるいさん》』という書物に記された「粉骨砕身で努力しても、簡単に仏の恩に報いることはできない」といった内容から来ています。「身を粉《こ》にする」という慣用句も同じ意味です。

○× 脅迫観念
強迫観念《きょうはくかんねん》

「脅迫」と「強迫」は音も同じ、意味もよく似た言葉です。「脅迫」はおどしつけて実行を迫ること、「強迫」は無理強《むりじ》いによって自由意思を妨《さまた》げることと説明されています。法律用語としては、「人質《ひとじち》を取って脅迫する」などという「脅迫」は刑法で、「強迫」は民法で使われます。

しかし「強迫観念」となると、正しいのはこの字だけで、「脅迫観念」は誤りです。「強迫観念」とは考えまいとしても脳裏に浮かび、自分の意志では払いのけることのできない考えのことで、「強迫観念にとらわれる」などと言います。

○人の人たる所以
×人の人たる由縁

「人の人たるゆえんは、人と人の結合にある」というドイツの名言がありますが、この場合の「ゆえん」は「所以」と書きます。「所以」は漢文訓読に由来する言葉で、意味は「いわれ、理由」など。

「由縁」は、読みは同じでも、「所以」とは別の言葉です。「関係・ゆかり」という意味で、「何の由縁《ゆえん》もない他人」などと使います。しかし「地名の由縁《ゆえん》」などと使われることもあり、この場合は「いわれ、由来」という意味なので、「所以」と混同しがちです。

○布団をしく
×布団をひく

布団を延べる動作は「しく」か「ひく」か。「掛け布団」に対するものは「敷き布団」で、シーツは「敷布」ですので、正しくは「し（敷）く」です。

「しく」か「ひく」かは地域差もあり、「しつこい」が「ひつこい」となるなど「し」が「ひ」になりやすい関西の人は「ひく」が多めのようです。

文化庁『言葉に関する問答集』もこの問題を取り上げていて、布団を延べる動作が「引き寄せ」て「引き延ばす」形で行われるため、「引く」という連想が働いているのではないかと推論しています。

○卒先　×率先《そっせん》

「率先」とは進んで事を行うこと。「率」という漢字は「そつ・りつ」という音読みがあります。「そつ」と読めば「ひきいる」などの意味で、「率先」以外にも「引率《いんそつ》・率先垂範《そっせんすいはん》」などの熟語があります。「率先垂範」は人の先になって模範を示すことです。また「りつ」とも読むと割り合いを表し、「確率・倍率・効率」などの熟語があります。

「卒」は音読み「そつ」ですが、「おわる・しもべ」などの意味で「卒業・一兵卒《いっぺいそつ》」などの熟語があり、「率」とは別字です。

ただ「率」は字画が複雑なことから、同じ「そつ」の音で字画の簡単な「卒」で間に合わせてきた経緯があります。その名残で「卒然・率然（そつぜん、事が急に起こるさま）」などは、どちらの字を使ってもよいことになっています。

「卒先」は辞書に記載される場合がありますが、使わない方が無難でしょう。

○意心伝心　×以心伝心《いしんでんしん》

「以心伝心」は「心を以《もっ》て心を伝う」と訓読《くんどく》し、文字や言葉を使わなくても、お互いの心と心で通じ合うことを意味する四字熟語。もとは禅宗《ぜんしゅう》の言葉です。「彼女とは以心伝心の仲だ」などと使います。「意心」は誤りです。

○×

崇高《すうこう》

崇高

「崇高」とは気高さや偉大さなどを表す言葉です。この「崇」を「祟」と書くのは誤りです。「崇」は音読み「すう」、あがめうやまう意味の漢字。「祟」は音読み「すい」、訓読みは「たた(る)・たた(り)」。神仏や怨霊《おんりょう》などによって災厄をこうむるという意味です。「崇」と「祟」は一見よく似ていますが、「崇」は「山＋宗」、「祟」は「出＋示」と全くの別字です。

平安末期に政争で敗れ、島流しにあった崇徳天皇《すとくてんのう》は「祟《たた》り」で有名な人物で、のちに夜叉《やしゃ》、天狗《てんぐ》になったという伝説の持ち主です。この崇徳天皇を「祟徳天皇」と誤記する例があります。「崇《たかし》」「崇人《たかひと》」など日本人の名前にもよく使われる字ですので、よく注意しましょう。

○×

絶体絶命《ぜったいぜつめい》

絶対絶命

「絶体絶命」とは、追い詰められてほとんど逃れようのない場面・境地という意味です。「絶体」「絶命」ともに九星術《きゅうせいじゅつ》でいう凶星の名前だと言われています。

これを「絶対絶命」と書くと、必ず命が絶えるということになり、意味が変わってしまいます。「絶対」という言葉は日常よく使われる言葉であるのに対し、「絶体」はこの四字熟語くらいにしか現れないので、間違いやすいのでしょう。

○大儀名分《たいぎめいぶん》
×大義名分

「大義」は人として行うべき最も大切な道のこと。「名分」は身分などに応じて守るべき本分のこと。これらをあわせた「大義名分」は、人としてまた臣として守るべき道理と本分。ここから転じて、ある行為のよりどころとなる正当な理由づけ、また建前としての理由づけのことを言います。

「大儀《たいぎ》」とは、もとは「朝廷の大規模な儀式」のこと。転じて、骨が折れること、面倒でおっくうなこと。「たいぎ」と同音のため「大義」と間違いやすい語です。

また「名分」の方も「名文・命分」などと書き間違えないよう気をつけましょう。

○長い物には巻かれよ
×長い者には巻かれよ

力のある者には従っておいた方が得だという意味のことわざ。「長い物には巻かれよと言うじゃないか。上司には逆らわない方がいいよ」などと使います。

鎌倉時代の仏教説話『宝物集《ほうぶつしゅう》』に「長きは短きをのみ、大なるは小をくらう」と地獄の畜《ちく》生道《しょうどう》の弱肉強食のさまを表現した記述があります。また安土桃山時代のことわざに「大なるものには呑《の》まるる。長き物には巻かるる」とあるところから、古くは「長い物に巻かれるのが自然の摂理《せつり》だ」と言っていて、江戸時代あたりから「巻かれよ」という命令形になったのではないかと考えられています。

○富の遍在による格差社会
×富の偏在による格差社会

「偏在」と「遍在」はどちらも「へんざい」と読み、字もそっくりですが、意味は正反対です。間違いが多く、非常に注意を要する言葉です。

ニンベンの「偏」は「かたよる」という意味の漢字。「偏見・偏屈・偏差値」などの熟語があります。漢字の「偏と旁《つくり》」もこの字です。

これに対して、シンニョウの「遍」は「あまねく（すみずみまで行き渡る）」という意味の漢字。「普遍・遍歴・遍路」などの熟語があります。「一遍《いっぺん》だけ行ったことがある」などと回数を数える語でもあります。

したがって「偏在」は偏《かたよ》って存在すること、「遍在」は遍《あまね》く存在することという意味になります。覚えられない人は「ニンベン（人）が大都市に偏っている」「日本のシンニョウ（道）を遍く歩く」などと唱えるのはいかがでしょうか。

○息の音を止める
×息の根を止める

「息の根」とは呼吸のことで、「息の根が続く」と言えば命が続くことです。これに対して「息の根を止める」とは殺すこと、相手を完全に倒し活動できないようにすることです。「反対派の息の根を止める」など。

「音」の訓読みは「ね」ですが、「息の音」は誤りです。

× 犯人を追求する
○ 犯人を追及する

「ついきゅう」には「追及・追求・追究・追窮」という同音異義語があります。「追及」は「追って及ぶ」こと。逃げる者などをどこまでも追い詰めたり問い詰めたりする意味で、「犯人を追及する」はこれに当たります。「追求」は目的の物を手に入れようとして「追い求める」ことで、「利潤の追求」などと言います。「追究」は「追い究める」こと。「追求」と似ていますが、こちらは「本質の追究」などと言って、未解明のことを学問的に明らかにしようとすることです。「追窮」は「追究」とほぼ同じ意味です。

× てもちぶたさ
○ てもちぶさた

することがなくて退屈だったり、間が持てない状態を表す慣用句は「手持ちぶさた」ですが、「手持ちぶたさ」と誤る人がいます。形容詞・形容動詞の名詞形「寂しさ・静けさ」などに揃《そろ》えようとするではないかという説もあります。

「手持ちぶさた」の「ぶさた」は「ご無沙汰しています」の「無沙汰」。「無沙汰」の「沙汰」は本来、砂を水でゆすり砂金《さきん》を選び分けることです。「沙」は砂、「汰」は「淘汰《とうた》」の汰。そこから転じて「便り（ご無沙汰・音沙汰《おとさた》）」「裁判（地獄の沙汰）」「話題にする（取り沙汰）」「事件（表沙汰）」など、さまざまに使われるようになりました。この「沙汰」という言葉を覚えれば、もう「ぶたさ」と間違わないでしょう。

○前後策を講じる　×善後策《ぜんごさく》を講《こう》じる

「善後策」は悪い物事が起きても良い方向に向かうようにする方法。『孫子《そんし》』作戦篇にある「雖有智者、不能善其後矣（智者《ちしゃ》ありといえども、その後《あと》を善《よ》くすること能わず）」に由来する言葉です。（兵士が疲弊しているところへつけこまれると）どんな智将であっても、いい結果を生むことができないといった意味です。

「講じる」は考えをめぐらし適切な手段を選ぶことです。「交渉が決裂した場合に備えて、善後策を講じておいた方がいい」などと使います。

「善後」がなじみの薄い言葉なので「前後策」と書いてしまいがちですが、誤りです。

○晴天の霹靂　×青天《せいてん》の霹靂《へきれき》

「青天」とは晴れ渡った青空、「霹靂」とは雷鳴のこと。中国、南宋の詩人・陸游《りくゆう》の「九月四日鶏未鳴起作（九月四日、鶏が鳴く前に起きて作った詩）」に「青天に霹靂を飛ばす」とあるのが出典です。病床にあった陸游が未明に突然起きだして筆を走らせた、その勢いを晴れた日の突然の雷鳴にたとえた言葉です。転じて、「青天の霹靂」は予想外の突然の出来事を意味し、「別れた彼女と街でばったり再会するなんて青天の霹靂だ」などと使います。

「晴天」は「青天」とほぼ同じ意味で、認めている辞書もありますが、「青天」と書くのが無難でしょう。「靂」という漢字の下の部分は「歴」の旧字体です。

○× 心配症　心配性《しんぱいしょう》

「心配性」を辞書で引くと「些細なことまであれこれ気にかけて心配する性質」などと出ています。「凝り性・冷え性・浮気性」など、その人の性質を「○○性」と言います。

一方の「心配症」は辞書に出ていません。ただ「あがり症（性）」は両方とも辞書に出ています。「○○症」は「神経症・認知症・依存症・感染症」など病気として治療対象のものです。「心配性」も度を越して生活に困り、病院にかかるような状態だと「心配症」になるのかもしれません。漫画やドラマ、本の題名として、あえて「心配症」という言葉を使う例はあります。

○○ 一所懸命　一生懸命

命がけで事に当たるという意味のこの言葉、本来は「一所懸命」でした。中世の武士階級が、一族の生活基盤となる先祖伝来の一所《ひとところ》の領地を命がけで守ったという意味です。当時は「一所懸命の地」という言葉もありました。

江戸時代頃から本来の意味が忘れられてきて、命がけで事に当たるという意味だけが残ったとき、「一所」を「一生」と誤解し、発音も「いっしょうけんめい」となりました。語源的には「一所懸命」ですが、今は「一生懸命」が優勢で、新聞や放送では「一生懸命」に統一されています。

○苦汁の決断
×苦渋の決断

「苦汁」も「苦渋」も「くじゅう」と読み、意味も似ています。しかし「店を閉めるくじゅうの決断をしました」というときは「苦渋の決断」です。「苦渋」とはにがくて渋いこと。物事がうまく行かず悩み苦しむことです。「苦渋の決断」とは、「退《ひ》くも地獄、進むも地獄」といった状況下で、さんざん悩んだ末の苦しい決断という意味です。

「苦汁」は「にがり」と読めば豆腐製造に使う液体のこと。「くじゅう」と読めば、文字通り「にがい汁」という意味と、そこから転じて「つらい経験」のことを言います。「苦汁をなめる」「苦汁を飲まされる」などと使います。

○泣かず飛ばず
×鳴かず飛ばず

「鳴かず飛ばず」の由来とされる故事は司馬遷『史記』(楚世家《そせいか》)にあります。春秋時代の楚の君主が即位後三年の間、遊び暮らしていたのを家臣が「三年飛ばない鳥」のたとえを出して諫《いさ》めると、王は「飛べば天まで上がり、鳴けば人を驚かすだろう」と答えたというのです。その言葉通り、王は後に活躍します。

現代の日本では「鳴かず飛ばずの下積み生活」と言ったように、人目に付くような華々しい活躍をしないことという意味で使われることが多い「鳴かず飛ばず」ですが、語源的には将来の活躍に備えてじっと機会を待っていることをたとえた言葉なのです。

○それは既出です
×それは概出です

「すでに出ている」という意味の「きしゅつ」は「既出」ですが、「概出」と誤記される例があります。これはインターネットの掲示板で「既出」を「ガイシュツ」と読んだ人がいて、そこからインターネットスラングになったものです。「概出」という日本語はありません。さらに「既出」を「外出《がいしゅつ》」と、わざと書く例もありますが、日常生活で使うべきでない言葉です。

○一巻の終わり
×一貫の終わり

「一巻の終わり」は物事の結末がついてしまうことのたとえです。「この高さで足を滑らせたら一巻の終わりだ」などと言います。「一巻」は本来は巻物になった書物のことで、それを読み終わったら「一巻の終わり」です。一方、映画のフィルムに由来するという語源説もあります。明治・大正期、映画を活動写真と言っていましたが、当時のフィルムは芯に巻かれたオープンリール形式で、巻物のように一巻、二巻と数えていたそうです。無声映画には弁士がいて、上映の終わりに決まり文句として「一巻の終わり」と締めたのだとか。そこから広く一般に使われるようになったという説です。本来はハッピーエンドでも「一巻の終わり」だったわけですが、今はネガティブな場面にしか使われません。

「一貫」は「首尾一貫」などと使い、「ぶれない」という意味で、ここでは誤記です。

○割引が適応される ×割引が適用される

「適用」の意味は「(法律・規則などを)あてはめて用いること」です。法律や規則を具体的な事例にあてはめて、効力を発揮させることを表します。

「適応」の意味は「その状況にかなうこと」。生物の形態や習性などの形質が、その環境で生活をするのに適合していることに使われますので、「割引」とは結び付きません。

○コロナ禍 ×コロナ渦

「コロナ禍《か》」は、2020年の新型コロナウィルスが招いた災難や危機的状況を指す新語で、「コロナ禍を生きるすべ」などと使われます。「禍」は音読み「か」、訓読み「わざわい」で「水禍《すいか》・舌禍《ぜっか》・戦禍《せんか》・禍福《かふく》」などの熟語があります。以前から新聞の見出し等で「台風禍・集中豪雨禍」などという「禍」の使われ方はありました。

「コロナ禍」の登場とともに「コロナ渦《か》」という誤記が目立ちます。「渦」は音読み「か」、訓読み「うず」。「渦中《かちゅう》」という言葉が「事件の混乱した騒ぎ(渦巻)の中」を意味し、戦争による混乱を意味する「戦渦」という言葉があるため、誤りが生まれたのでしょう。

これらとは別に、同じ発音で「コロナ下」という言葉もあり、これは誤記ではありません。「～の状況の下」という意味で「コロナ下でのレジャー」などと使います。

○×
新型肺炎の重傷者
新型肺炎の重症者

「重症」と「重傷」は、どちらも程度が重いことですが、「重症」は病気、「重傷」は怪我《けが》です。肺炎の場合は病気なので「重症」を使います。「重体」という言葉もありますが、これは病気・怪我に関わらず、その症状が重く、命の危険にさらされている状態を指します。

「彼の収集癖はじゅうしょうだ」などと比喩的に使う場合は「重症」です。

○○
感染症流行の収束
感染症流行の終息

「収束《しゅうそく》」と「終息《しゅうそく》」はどちらも「おさまる」という意味。区別の難しい同音異義語です。「収束」は「収まる＋束ねる」で、バラバラになったり混乱していたりするものを集めて束ねるという意味です。物理学では多くの光線が一点に集まることを「収束・集束」と言います。「収斂《しゅうれん》」とも言い、その反対は「拡散」です。感染症などでは流行拡大が下り坂に向かい、事態がかなり落ち着けば「収束」で、流行が完全に停止したら「終息」です。「終息」の「息」は「無病息災」の「息」と同じく「止む」という意味です。

まずは「収束」を目指し、最終的には「終息」を目標とすると考えれば、違いが理解できるでしょう。クラスター（感染者集団）の「しゅうそく宣言」という場合は「終息宣言」が多いですが、「収束宣言」もあります。「感染症流行がしゅうそくしたら旅行に行きたい」という場合は、発言者の意図により「収束」か「終息」かを選ばなければなりません。

言葉の知識　間違いやすい外来語

今の時代は、外来語が生活の中にどんどん取り入れられています。たとえば2020年、新型コロナウィルス流行に当たっては、「パンデミック・クラスター・オーバーシュート・ロックダウン」など多くのカタカナ語が新聞やテレビなどにあふれました。

外来語の表記は、元の外国語のスペルや発音が元になっています。しかし、片仮名で表記された途端、その単語は日本風の発音になり、日本語になってしまいます。「ニュース」のように本来の発音「ニューズ（news）」と違っていても、すでに日本語として普及している言葉もたくさんあります。

「ベッド（寝台）」を「ベット」、「ドッグ（犬）」を「ドック」と言ってしまうように、小さい「ッ」の後の濁音（ガ・ザ・ダ・バ行）が清音（カ・サ・タ行）になりやすいのが、日本人の特徴の一つだと言われています。また濁音のバ行（b音）なのか、半濁音のパ行（p音）なのかという点、小さい「ヤ・ユ・ヨ」など拗音が入った言葉は、文字の見た目が似ているせいもあって、間違えて覚えてしまうことがあります。疑問を感じたら、元になった外国語を小まめに調べたり、スペルを確認したりするのがいいでしょう。

日常会話に頻繁に出てくる間違いやすい外来語を取り上げます。以下、小見出しの後の方が、原則として本来の言い方です。

「コミニュケーション」か「コミュニケーション」か

気持ちや情報を伝え合うこと。「コミュニ…」が正しいのですが、覚えられない人はフランス語で共同体を意味する「コミューン（commune）」という言葉を覚えるといいでしょう。コミュニケーション能力を略した「コミュ力《りょく》」という新語も、どちらか分からなくなった時の助けになるでしょう。

「シュミレーション」か「シミュレーション」か

模擬実験。音になじみのある「シュミ（趣味）…」と言ってしまいがちですが、英語 simulation のスペルを思い浮かべて「シミュ…」より「スィミュ…」と発音すれば、間違えなくなるでしょう。状況・立場を意味する「シチュエーション（situation）」も「シュチエーション」と誤りやすいので、英語のスペルをよく見ましょう。

「エンターテイメント」か「エンターテインメント」か

英語 entertainment から「…テイン…」となります。「エンターティナー」も「エンターテイナー」と二重母音です。

「ナルシスト」か「ナルシシスト」か

自己陶酔型の人。英語は narcissist なので「ナルシシスト」なのですが、「ナルシスト」がかなり広まっています。

「アタッシュケース」か「アタッシェケース」か

語源は大使館員（フランス語でattaché）のカバン。「アタッシュケース」で通用していますが、元の発音に近いのは「アタッシェケース」で、新聞やＮＨＫでは「アタッシェケース」を使っています。

「リラクゼーション」か「リラクセーション」か

息抜き、娯楽を意味する英語Relaxationはリラックス（relax）から派生した語なので、本来は濁らず、しかも二重母音で「リラクセイション」ですが、新聞等では「リラクセーション」と表記することになっています。「セ」に濁点が付いた「リラクゼーション」が広く使われており、間違いというよりは和製英語という扱いになっています。

「アイディア」か「アイデア」か

英語のideaの発音には「アイディア」の方が近いのですが、新聞・ＮＨＫなどは「アイデア」と表記しています。多くの辞書はアイデア（アイディアとも）と併記していますが、広辞苑は「アイディア」のみです。現在のところ両方とも間違いではない状況が、将来は変わるかもしれません。

「ディスクトップパソコン」か「デスクトップパソコン」か

机(desk)の上に置くパソコン。ノートパソコンに対して据え置き型パソコンを言います。ディスクは薄い円盤状のもののこと。コンピューターの「ハードディスク」に引っ張られて「ディスクトップ」と言ってしまうのかもしれません。

「バトミントン」か「バドミントン」か

イギリスの貴族の邸宅「バドミントン・ハウス」に由来する語で、英語はbadminton。「バドミントン」と濁るのが正式で、略して「バド」とも言われます。

「ドッチボール」か「ドッジボール」か

英語のdodge（身をかわす）から「ドッジボール」が正式です。漢字で書くと「避球《ひきゅう》」。

「バウンドケーキ」か「パウンドケーキ」か

小麦粉・バター・砂糖・卵を1ポンド（pound）ずつ使用して焼くケーキです。「バウンド」は弾むという意味です。

「アボガド」か「アボカド」か

英語のavocadoから。皮がワニの皮に似ていることから、「鰐梨《わになし》」という和名があります。

「キューイ」か「キウイ」か

英語のkiwiから「キウイ」や「キーウィ」と表記されます。「キューイ」は「胡瓜《きゅうり》」に引っ張られた誤読かもしれません。

「ティーパック（バック）」か「ティーバッグ」か

紅茶のティーバッグ。包み（pack）や後ろ（back）ではなく、カバン（bag）です。「ティーバック」では下着になってしまいます。

「ホットドック」か「ホットドッグ」か

形が犬（dog）のダックスフンドに似ていることから「ホットドッグ」です。

「ブルドック」か「ブルドッグ」か

犬は「ブルドッグ」ですが、食品メーカーは「ブルドックソース」です。ブルドッグ犬がブランドマークで、社名の英語表記もBULL-DOG SAUCEですが、濁音が続く語感を避けるため、あえて「ブルドック」としたとのことです。

「プロマイド」か「ブロマイド」か

タレントの肖像写真。語源は印画紙（bromide paper）で、辞書やNHKなど一般的には「ブロマイド」が使われています。マルベル堂は発行しているタレントなどの肖像写真のことを「プロマイド」と呼称しています。一種の商品名と言えるでしょう。

「ジャンバー」か「ジャンパー」か

英語のジャンパー（jumper）から。昔の日本人は「パ」行の音になじみが薄く、明治生まれだと「ジャンバー」だけでなく「アバート」や「デバート」などと言ったものでした。

「ジャガード織」か「ジャカード織」か

「ジャカード織」は模様が印刷されているのではなく、織り込まれている生地です。フランス人発明家のジャカール(Jacquard)が発明したジャカード織機《しょっき》で作られます。この織機はパンチカードでプログラミングされており、コンピューターの起源と言われています。辞書、新聞、NHKなど「ジャカード」という表記で、「ジャガード」と濁るのは誤りですが、かなり広まっています。

「ギブス」か「ギプス」か

骨折などを固定する包帯材料。語源は石膏《せっこう》を意味するドイツ語ギプス（gips)。

「ドラックストア」か「ドラッグストア」

薬は英語でドラッグ（drug）なので「ドラッグストア」が正式です。

「人間ドッグ」か「人間ドック」か

「ドック」は船の修理をする場所を指す英語dockから。「ドッグ」では犬です。

言葉の知識　当て字と熟字訓

漢字を大和言葉《やまとことば》に翻訳したものが「訓読み」です。訓読みには「正訓《せいくん》」と「当て字」「熟字訓《じゅくじくん》」があります。「正訓」は、漢字の中国における本来の意味と同一の意味を持つものです。たとえば「日（ひ）・月（つき）・山（やま）・川（かわ）・草（くさ）・木（き）」などがこれに当たります。

これに対して「当て字」は漢字本来の意味に関係なく、音読みや訓読みの音だけを借りて当てはめたものです。「目出度《めでた》い・亜細亜《アジア》・珈琲《コーヒー》・滅茶苦茶《めちゃくちゃ》・兎角《とかく》」などです。

一方、「熟字訓」は、すでにある熟語に同一か類似した意味の大和言葉を当てたもの。つまり、漢字一字ではなく漢字二字以上の熟語を、大和言葉に翻訳したのが熟字訓です。

当て字の中にも、音だけでなく意味も通じるものがあり、区別が難しいですが、当て字のうち広く認められたものが「熟字訓」に昇格すると考えればよいでしょう。中でも一般性が高いと公的に認められている熟字訓が『常用漢字表』の「付表」にまとめられていて、文化庁のホームページから見ることができます。平成22（２０１０）年改定後で１２３の表記が採録されています。

次ページは「常用漢字表・付表」より抜粋したものです。熟字訓とはどういうものか、理解の一助にしてください。

明日	あす	景色	けしき	足袋	たび	下手	へた
小豆	あずき	雑魚	ざこ	一日	ついたち	部屋	へや
田舎	いなか	五月	さつき	梅雨	つゆ	迷子	まいご
息吹	いぶき	早苗	さなえ	凸凹	でこぼこ	真面目	まじめ
海原	うなばら	五月雨	さみだれ	時計	とけい	土産	みやげ
浮気	うわき	時雨	しぐれ	友達	ともだち	息子	むすこ
笑顔	えがお	尻尾	しっぽ	名残	なごり	眼鏡	めがね
大人	おとな	芝生	しばふ	雪崩	なだれ	紅葉	もみじ
風邪	かぜ	三味線	しゃみせん	博士	はかせ	木綿	もめん
仮名	かな	上手	じょうず	一人	ひとり	八百屋	やおや
昨日	きのう	白髪	しらが	日和	ひより	大和	やまと
今日	きょう	師走	しわす	二人	ふたり	弥生	やよい
果物	くだもの	相撲	すもう	二日	ふつか	浴衣	ゆかた
今朝	けさ	七夕	たなばた	吹雪	ふぶき	寄席	よせ

※詳しくは文化庁ホームページ(http://www.bunka.go.jp)をご覧ください。

言葉の知識　当用漢字と常用漢字

当用漢字

漢字は数が多く覚えるのが大変だという理由で、江戸時代の昔から漢字廃止論や節減論が相次いでいました。そうした背景の中、第二次世界大戦後の昭和21年、ＧＨＱの指導下で「当用漢字」１８５０字が定められます。「当用」とは「当面用いる」という意味で、ＧＨＱは、将来の漢字廃止を視野に入れた漢字制限でした。ＧＨＱは、漢字のせいで識字率が上がりにくく、それが日本の民主化を遅らせているとして、日本語をローマ字表記にしようと計画していたのです。しかし読み書き能力の全国調査を実施(昭和23年)したところ、日本人の漢字識字率は約98％と驚異的に高く、ローマ字化計画は中止になりました。

昭和24年には旧字体から新字体への移行もありました。すでに使われていた略字、異体字、誤字などが整理され、「國」→「国」などと画数の少ない漢字に統一されたのです。

子の名前は当用漢字または平仮名・片仮名から付けるようにと決めたものの、人名によく使われる漢字が当用漢字に含まれていないなどの理由で、昭和26年に「人名用漢字」が定められました。当初の92字から改定が相次ぎ、平成29年に８６３字となっています。

常用漢字

戦後三十年がたつうちに、当用漢字は社会の実情に合わなくなってきました。昭和56年、当用漢字より字数や読み方を増やした「常用漢字」１９４５字が制定されます。当用漢字は漢字制限の意味合いが強いものでしたが、常用漢字は標準的な目安という位置づけで、強制ではありません。常用漢字表に出ていない漢字を「表外字」と言いますが、よく使われる漢字も多いため、新聞社等では「常用漢字並みに扱う表外字」として定めています。ただし公用文は常用漢字表の漢字で書くことに取り決めされています。常用漢字制定後、パソコンの普及でデジタル化が一気に進み、漢字は書けなくても読めればいいのではないか、ならば漢字を制限する必要はないのでは、などという意見が出てきて、平成22年に常用漢字は191字増えて、今は2136字です。

現在、子の名前には、常用漢字表と人名用漢字表あわせて約三千の漢字が使えます。

●漏えい・破たん

新聞等で「漏えい」や「破たん」などという漢字と平仮名の交ぜ書きを見ることがありますが、これは「漏洩」の「洩」、「破綻」の「綻」が常用漢字に入っていないためです。常用漢字表は使用の目安とは言え、なるべく表外字は使わないという配慮がはたらいた結果でしょう。交ぜ書きは批判も多い表記です。

●未曽有

「曾」及び「曽」は当用漢字表にも常用漢字表にも入っていませんでしたが、平成16年に人名用漢字に入りました。平成22年に「曽」が常用漢字に入り、「曾」はその旧字体という扱いになりました。以前の「未曾有」に代わり「未曽有」という表記が今は主流です。

※最新の常用漢字表は文化庁の、人名用漢字表は法務省のホームページ(http://www.moj.go.jp)で閲覧できます。

言葉の知識

人の噂、なぜ七十五日

ことわざには数字が出てくるものがたくさんあります。数字に意味があるものもあれば、特にないものもあるでしょう。

「人の噂も七十五日」は噂がたっても一時的なものだから、気にしないで放っておけという意味のことわざです。七十五日に対し「四十五日・四十九日・七十九日」といった誤りをよく見ます。「四十九日」は人が亡くなって49日目のことです。

なぜ75日なのか、根拠はあるのでしょうか。短い時間のたとえで特に根拠はないという説もあれば、季節の期間という説もあります。ここでは季節の期間説を紹介します。

万物は木・火・土・金・水の元素から成るとする五行思想に基づき、春には「木」、夏には「火」、秋には「金」、冬には「水」を当て、残った「土」は季節の変わり目に当てて「土用」としていました。つまり季節は、春→土用→夏→土用→秋→土用→冬→土用→春…とめぐるわけです。土用といえばウナギを連想しますが、夏だけではないのです。土用は1回ほぼ18日間×4回＝72日間。365日から72日を引き、残りを4で割ると、一つの季節が約73日となります。これが「人の噂も七十五日」の根拠です。季節が変われば、話題も変わるということでしょう。

外国に目を向けると、英語では「驚きも九日しか続かない（A wonder lasts but nine days)」という諺があるそうです。となると、日本の「七十五日」は長いですね。

「生」のいろいろな読み方

外国人が日本語を学習するとき、「生」という漢字に苦労するそうです。常用漢字表に載っている音訓だけで「セイ（漢音）、ショウ（呉音）、いきる、いかす、いける、うまれる、うむ、おう、はえる、はやす、き、なま」と12個。表外の訓読みまで含めると、読み方は百種類とも百五十種類とも言われています。これに対し、「死」の読みは音訓ともに「し」だけです。

音読み

人生（じんせい）、平生（へイゼイ）、一生（いっしょう）、誕生（タンジョウ）

訓読み

生（い）きる、生（う）まれる、生（お）い立ち、生（は）える、生（なま）ビール、生（き）そば、生（うぶ）、鈴生（な）り、苔が生（む）す、生（あ）れる、生（な）さぬ仲

熟字訓

芝生（しばふ）、生憎（あいにく）、弥生（やよい）、生粋（きっすい）、早生（わせ）、晩生（おくて）、生節（なまりぶし）、生業（なりわい）、生簀（いけす）、生血（のり）

地名・苗字

相生（あいおい）、麻生（あそう）、羽生（はにゅう・はぶ）、丹生（にわ）、生田（いくた）、壬生（みぶ）、生保内（おぼない）、福生（ふっさ）、室生（むろう）、来生（きすぎ）

間違いやすい漢字

「已己巳己」という四字熟語があります。読みは「いこみき」、互いに似ていて見分けがつきにくいもののたとえです。

最初の「已」は、已然形《いぜんけい》（用言の活用形）の「已」。音読み「イ」、訓読み「すでに・やむ・のみ」。

二番目と四番目の「己」は音読み「コ（自己）・キ（知己）」、訓読み「おのれ・つちのと」。「つちのと」とは干支《えと》の十干《じっかん》の6番目で「土の弟」とも書きます。

三番目の「巳」は巳年（へび年）の「巳」。音読み「シ」、訓読み「み」。

そっくりの三つの漢字は全くの別字で、違いは四画目の始点です。

「瓜《うり》」と「爪《つめ》」の覚え方として「瓜に爪あり、爪に爪なし」がありますが、「已己巳己」の覚え方の一例としては「み（巳）は上に、おのれ（己）つちのと（己）下につき、すでに（已）やむ（已）のみ（已）半ばなりけり」というのがあります。

「己」と「巳」は「○み」と読む人名に使われることが多い字です。「巳」の読みは「み」なので問題はありませんが、「己」の読みに「み」はありません。しかし出生届で登録するのは名前の文字であり読みは自由なので、「己」と書いて「み」と読ませても間違いではありません。名前の誤記は失礼にあたります。手書き、パソコン入力ともに注意しましょう。

索引

な

に

ぬ

ね

の

は

末岡 実　SUEOKA Minoru

1948年北海道生まれ。フェリス女学院大学名誉教授。北海道大学大学院文学研究科博士課程単位取得満期退学。中国哲学・漢文学専攻。著書に『列女傳選』（芸立出版）、『「漢字の知識」これだけ講座』『日本語の達人』（海苑社）、『正しい敬語』（阿部出版）など。

正しい言葉遣《づか》い

美しい日本語を話したい人のために

2020年10月1日　初版第1刷発行

著者　**末岡 実**
発行人　**阿部秀一**
発行所　**阿部出版株式会社**
〒153-0051
東京都目黒区上目黒4-30-12
TEL ：03-3715-2036
FAX：03-3719-2331
http://www.abepublishing.co.jp
印刷・製本　**アベイズム株式会社**

ISBN978-4-87242-670-0　C0081